阿米巴模式

稻盛和夫的实学

〔日〕三矢裕
〔日〕谷武幸
〔日〕加护野忠男 著
刘建英 译
曹岫云 审译

人民东方出版传媒
東方出版社

阿米巴经营——企业管理的革命

500年前王阳明龙场大悟，悟到了“心即理也，此心无私欲之蔽即是天理，不须外面添一分。”就是说“人的良知即为天理”。用良知来应对一切、把良知发挥到极致，就是王阳明的“致良知”。

稻盛和夫“三十而立”，他在30岁前后已经相当完整地构建了他的企业哲学。而他的哲学的核心，即他在生活、工作和经营中悟出的真理，用一句话概括就是：把“作为人，何谓正确”当作判断一切事物的基准。就是把作为人应该做的正确的事情以正确的方式贯彻到底。

在人类智慧的巅峰上，这两位哲人不谋而合，殊途同归。

追求“作为人，何谓正确”，落实到经营企业的具体模式上，稻盛和夫发明了“阿米巴经营”。如果你读过稻盛所著的《阿米巴经营》一书，再认真读完本书，并且了解稻盛和夫赤手空拳40年间创建两家世界500强企业的经历，那么你就不能不承认“阿米巴经营”才是这个世界上最先进、最有效、最人性化、最值得学习推广的经营管理模式;你就会理解,京瓷和 KDDI 的持续成功不过是稻盛哲学和“阿米巴经营”的产物;你也会相信稻盛和夫一定会把他的哲学以及“阿米巴经营”导入日航,并使日航重建成功。

在无锡有一家规模不大的企业,名叫京瓷化学(无锡)有限公司。它的前身是日本东芝的一家分公司在无锡的独资企业,曾经连续八年亏损。在这家企业里,日本人和中国人之间、中国人相互之间都缺乏信任。后来东芝把这家分公司卖给了京瓷,这家分公司的一位年轻的中国籍的技术员转到了京瓷。经短期培训后,他于 2003 年被派往无锡当总经理。奇迹出现了:一年后企业扭亏为盈,一年四个月后企业的利润冲抵了前八年的亏损;去年企业人均利润高达 22 万元,在今后的两至三年内,企业人数基本不变而利润还要翻番。企业人际关系空前和谐,一派生气勃勃的景象。这家企业起死回生的秘诀就是稻盛哲学和“阿米巴经营”。经营者是中国人,全体员工都是中国人,在中国的土地上,稻盛哲学和“阿米巴经营”开花结果意义深远。

“阿米巴经营”是一种管理模式。它似乎是“术”,但它有效实施的前提在于“道”。这个“道”就是追求“作为人,何谓正确”的企业哲学,也就是京瓷公司的经营理念:“在追求全体员工物质和精神两方面幸福的同时,为人类社会的进步发展作出贡献。”

这个“道”虽然简单，但对于我们绝大多数企业而言，转变经营理念无异于一场原有意识的革命。

在日本有许多企业都导入过“阿米巴经营”，凡是把它单纯作为“术”引入的大体上都失败了。凡是把“道”和“术”相结合的都成功了。京瓷化学(无锡)有限公司的总经理对我说，实行“阿米巴经营”开始有点繁，但一点也不难，因为真正落实了全员经营，可以说全体员工都在相当程度上获得了物质和精神两方面的幸福。办企业本来就应该如此，我们以前怎么就没有想到呢?

追求并实现“全体员工物质和精神两方面的幸福”，这符合“天道”。如果把“全体员工”扩展为全体国民乃至全人类，这难道不就是我们的先人贤人们所憧憬的世界大同吗?从这个意义上讲，稻盛创办京瓷和KDDI是一种出色的社会实验。稻盛经营企业的哲学以及将这种哲学加以具体化的“阿米巴经营”，值得我们中国人，特别是中国的企业家们认真地学习和借鉴。

稻盛和夫（北京）管理顾问有限公司

董事长、总经理曹岫云

总序

什么是阿米巴经营

- **日式赋权管理模式**

阿米巴经营是京瓷(KYOCERA Corporation)创始人稻盛和夫(现任名誉会长)独创的小集体独立核算制度,当时京瓷还仅仅是一个名不见经传的小工厂。所谓阿米巴经营模式就是将整个公司分割成许多个被称为阿米巴的小型组织,每个小型组织都作为一个独立的利润中心,按照一个小企业、小商店的方式进行独立经营。比如制造部门的每道工序都可以成为一个阿米巴,另外,销售部门也可以按照地区或者产品分割成若干个阿米巴。可能许多读者曾经在杂志或者书刊上见到过阿米巴经营这个名词,但真正了解阿米巴经营模式的却不多。

我们三位笔者也不例外。开始着手调查之前,我们对阿米巴的理解也非常肤浅,甚至还有些误解:

“把整个公司细分为若干小型的阿米巴真的可以实现有效的授权吗?”

“单位时间核算是一种非常严格的管理模式,对企业员工来讲会不会太残酷、太苛刻?”

“过于强调单个阿米巴的核算会不会导致各个阿米巴以自我为中心,从而搅乱了公司整体的和谐?”

“阿米巴经营只不过是一种现场改善活动,它真的能够作为一种整体活动给整个公司带来一场根本性的变革吗?”

“战后京瓷的迅速崛起在很大程度上难道不应该归功于稻盛先生个人的领袖魅力吗?”

“阿米巴经营是在特定条件下产生的一种特殊的管理模式,只适合于浓厚的京瓷文化。”

由此可见,当初,我们并没认为阿米巴经营是一种非常合理的经营模式。

但随着采访的深入,我们对阿米巴经营的看法发生了一百八十度的转变。现场的员工和我们当初想象的截然不同,并没感觉到他们工作特别辛苦或有什么抱怨。阿米巴经营是一种全员参与型的经营模式,是基于对员工的信任而把每个阿米巴的运营托付给员工,从而建立起一种朝着共同目标努力的强有力的合作关系。因此,阿米巴经营能够激发所有员工的主动精神,增强所有员工而不仅仅是一小部分管理层人员的成就感。阿米巴经营也不仅仅是进行现场改善的工具,而是一套完整的管理体系。

同时阿米巴经营又是一套极其合理的管理体系。单位时间核算制度，迅速反映市场需求的弹性组织和后面章节讲述的与其他组织结构的有机结合，最大限度地发挥了员工的潜能。可以说，阿米巴经营支撑起了京瓷的发展奇迹，是一种日式的赋权管理模式。

- **阿米巴经营的推广**

之前，阿米巴经营理论一直都是绝密，很少为外人所知。1989 年京瓷成立经营信息系统事业部（1995 年独立，改名为京瓷通信系统株式会社，即 KYOCERA COMMUNICATION SYSTEMS Co.，Ltd.。以下简称为 KCCS。2006 年又从发展壮大后的 KCCS 独立，改名为 KCCS 管理咨询株式会社，简称 KC-MC），开始提供阿米巴经营的相关咨询业务。时至今日，已经有许多公司引进了阿米巴经营模式。

这些公司普遍反映，引进阿米巴经营模式后，“上下级之间的信息交流得到了很大的改善”，“公司内部开始形成一种全员参与型的氛围”，“员工的核算意识提高了”。另外还有公司反映“公司运营变得非常透明，决策指示比以前容易多了”。可以这样说，阿米巴经营的引进大大改善了公司的管理体制。

公司管理体制强健，利润就会随之增加。株式会社 SYSTEC 在 1994 年引进了阿米巴经营模式。一年之后，该公司营业利润由一年前的690万日元猛增到1.16亿日元。虽然销售额仅增加了1.7倍,但利润却是一年前的17倍。该公司梶村社长在谈到阿米巴经营的引进效果时说:"因为原来的利润基数低,有这么大幅度的利润增长或许是理所当然的事。但此后利润仍然不断增长。"如同梶村社长提到的,"员工已经慢慢体会到了提高财务数字带来的成就感和乐趣",在所有员工的共同努力下,1996年该公司营业利润进一步提高到3.98亿日元。株式会社SYSTEC的改变是货真价实、震撼人心的。

当然,在感受到阿米巴经营魅力的同时,也有许多公司负责人持有这样的疑虑:"我们公司缺乏管理方面的人才,阿米巴经营模式很难在我们公司推行。"笔者认为,事实恰恰相反。阿米巴经营正是一种培养此类管理人才的经营模式。每个阿米巴领导人如同一个小公司的社长,必须站在经营者的角度经营各自的阿米巴。而这样锻炼出来的主管都是能够独当一面的优秀人才。

除此之外,也有人担心"每个阿米巴都要进行单独核算,肯定需要大量的票据,反而会额外增加管理成本"。不能否认,阿米巴经营的管理工作确实比较繁琐,但电脑的使用可以大大降低这种成本。而且,阿米巴经营的一个重要特色就是极大地提高非营利部门员工的成本意识,能够促使他们积极改善工作效率,消除工作中的浪费。因此公司整体的成本非但不会增加,反而会大大减少。

● 阿米巴经营理念

谈起京瓷,就不能不提到他的创始人,也就是现在的名誉会长稻盛先生。稻盛先生的经营哲学已经上升为“京瓷哲学”,成为京瓷员工的精神支柱。

阿米巴经营的成功与否在很大程度上依赖于阿米巴领导人的自主判断,这就要求阿米巴领导人必须要有正确的判断基准。京瓷哲学为此提供了依据,告诉员工应该做什么,不应该做什么。同时,做个好员工之前首先要学会做人,因此这种判断基准又必须以高度的道德观和做人准则为基础。

阿米巴领导人要努力提高各自阿米巴的效益,但不能无视公平、正义,不能忽略对其他阿米巴的帮助以及和其他阿米巴的合作。阿米巴领导人必须要有为公司整体作出贡献的思想,只有这样,才能有效地发挥它的作用。

● 正确理解阿米巴经营

阿米巴经营成功的关键在于,通过这种经营模式明确企业发展方向,并把它传递给每位员工。因此,必须要让每位员工深刻理解阿米巴经营的具体模式,包括组织构造、运行方式以及背后的思维方式。如果员工对阿米巴经营没有一个正确的理解,结果就会流于形式主义，出现以自我为中心，为了自己阿米巴的利益而损害其他部门利益的情况。也有可能会因为达成目标的压力过大，而导致员工心理疲劳。

本书力求把一个原汁原味的阿米巴经营模式，也就是京瓷的经营模式详细地展现给广大读者。在本书中，除了介绍阿米巴的经营模式外，我们还会详细解读在阿米巴经营模式下，企业主管以及广大员工应该具有的思考方式和行为准则。我们坚信，本书将为推广阿米巴经营的负责人、阿米巴领导人，以及所有参与阿米巴经营的人提供最好的素材。

- **决策层，别忘了传递你的激情**

理解了阿米巴经营后，接下来就是实践了。也就是要让所有的员工都参与进来，让阿米巴经营生根发芽。当然，说起来容易做起来难，激发所有员工的热情，调动大家的积极性光靠推广负责人的孤军奋战是不行的。

我们需要的是决策层“竭尽全力让阿米巴经营渗透到公司每个角落”的激情，决策层要把自己的这种激情传递给每位员工。阿米巴经营要实现每个细节的高度透明，通过这种高度透明的管理方式拉近员工和管理层的距离，让员工体会到引进阿米巴经营的价值，从而促使员工更加认真积极地投入到阿米巴经营中去。

● 决策层，一定要亲临前线进行指挥

引进阿米巴经营，实际上是在公司内部掀起一场根本性的变革，因此难免会有部分员工产生抵触情绪。其实，许多企业在决定引进阿米巴经营时，都遭到了部分员工的强烈反对，比如“不伦不类，不感兴趣”，“只会加重我们的工作负担，没什么好处”，“简直就是浪费资金”等等。遇到此类情况，只有决策层才能说服员工，让他们了解引进阿米巴经营的好处。

把握员工心理，引导员工挑战更高的目标对决策者来讲是个很重要的课题。在实施阿米巴经营时，针对稻盛先生是如何发挥他的领导作用这一点，本书将作详细的解释。

在第七章里，我们将详细介绍株式会社 SYSTEC 等两家公司引进阿米巴经营的实例。到底公司负责人是在什么背景下引进阿米巴经营的？在引进阿米巴经营的过程中遇到了哪些难题，又是如何克服的？

无论您是某企业的决策人，还是对阿米巴经营感兴趣的一般读者，或者是正苦于推广阿米巴经营的负责人，又或是不知如何调动员工积极性的管理人员，都请务必参考本书，相信一定会对您有所启发和帮助。

目 录

第一章

京瓷的经营

一、创业以来的大胆创新精神

● 风险企业先驱

在阐述阿米巴经营之前，笔者想先在本章里整理一下京瓷公司的经营特色。

当今，风险企业受到极大关注。京瓷可以称得上是风险企业的先驱。

1959 年，27 岁的稻盛和夫带领其他同仁抱着试试自己的技术能否得到社会认可的想法成立了京都陶瓷公司（即京瓷的前身）。当时公司注册资本只有 300 万日元，员工也只有 28 名，主要业务是替松下电器产业加工电视机显像管的主要零部件——U 型绝缘体。公司成立当年销售额 2 600 万日元，营业利润只有 430 万日元。

作为一家微不足道的零件供应商，争取订单本身并不是件容易的事情。为了能生存下去，其他公司做不了或者成本不划算的订单京瓷也会硬着头皮说“能做”，而把订单接下来。

当时的京瓷，既没有这方面的人才，也没有这方面的资源。但京瓷没有放弃，经过一系列的艰苦努力，终于把不可能变成了可能，坚持按期交货，渐渐赢得了客户的信任。随着家电产业的兴起，京瓷的业务范围也越来越广。

- **开发新领域**

真正让京瓷发展起来的是电脑 IC 封装业务。该产品在保护 IC 的同时，起着连接基板的作用。

随着 IC 的高集成度和高速化技术的进步，市场对其性能的要求越来越高。20 世纪 70 年代以来，经过不断的材料、技术创新，京瓷在 IC 领域渐渐领先，MPU 封装、回路基板、金属化应用制品等半导体零部件连续数十年成为京瓷的主要利润来源。

此后，京瓷以精密陶瓷技术为基础，不断开发新领域。比如，电容、打印头等电子零部件、陶瓷发动机零部件、机械元件、切削工具、医疗用器材、太阳能电池、运用独特的结晶技术开发出的人工再结晶宝石等等。

1983 年，京瓷收购了业绩持续低迷的著名光学机械企业雅西卡（Yashica Inc.），进入照相机行业。以康泰克斯（Contax）为主打品牌，推出可交换镜头的单反相机等划时代的新产品。现在，该事业的收益率已经在该行业遥遥领先。

- **构筑通信行业一大阵营**

日本的电信市场在很长一段时间内一直由 NTT 一家独占。为打破这种垄断封闭的局面，1984 年，时任京瓷社长的稻盛先生创办了 DDI（第二电电）。

通信产业是一个需要巨额投资的产业。当时，京瓷的银行存款为 1 500 亿日元。稻盛先生在董事会上征求各位董事的意见，说："即使损失 1 000 亿日元，账上还有 500 亿日元的现金，绝对不会影响到我们的主营业务，请允许我亏损 1 000 亿日元。"在取得各位董事的欣然同意后，稻盛先生作为最大的股东正式踏入通信行业。

除 DDI 以外，日本 TELECOM、日本高速通信也从事长途电话业务。和这两家公司相比，京瓷毫无优势可言。日本 TELECOM 利用其母体企业日本铁路公司（JR）的新干线通信网络，日本高速通信则利用其母体企业日本道路公团、丰田汽车等的高速公路沿线光纤网络。而 DDI 没有丝毫可以直接使用的网络设施。最终，DDI 只好选择使用数字式微波网络。开通之前，这种方式遭到各方的强烈质疑，但京瓷并没有动摇，反而把这些质疑作为鞭策自己的动力，采用积极主动的经营策略，一举超越了日本 TELECOM 和日本高速通信。

1982 年，京瓷收购了濒临破产的通信器材制造商计算机网络工业有限公司（Cybernet Industry Corporation），DDI 主营业务是手机以及 PHS 事业，而计算机网络工业的北见工厂主要从事手机终端生产，京瓷的接手使得该业务蒸蒸日上。

此外，京瓷陆续成立了从事通信卡拉 OK 业务的 TAITO、京瓷多媒体公司（KYOCERA Multimedia Corporation），在短短十几年间将业务覆盖零部件、器材、网络等一系列领域，在通信行业构建起自己的一大阵营。

二、阿米巴经营——培养企业家的经营

- **高成长性、高收益性**

卓越的业绩是京瓷获得世人瞩目的另一个原因。20 世纪七八十年代，京瓷被评为“超优企业”。如图 1-1 所示，创业以来，京瓷业绩连年持续增长，即使在石油危机、日元升值及泡沫经济破灭的严峻形势下，其业绩下滑程度也远远小于其他企业，并且能够更早摆脱困境。

1996 年度决算显示，此前的巨额投资有了巨大回报，和通

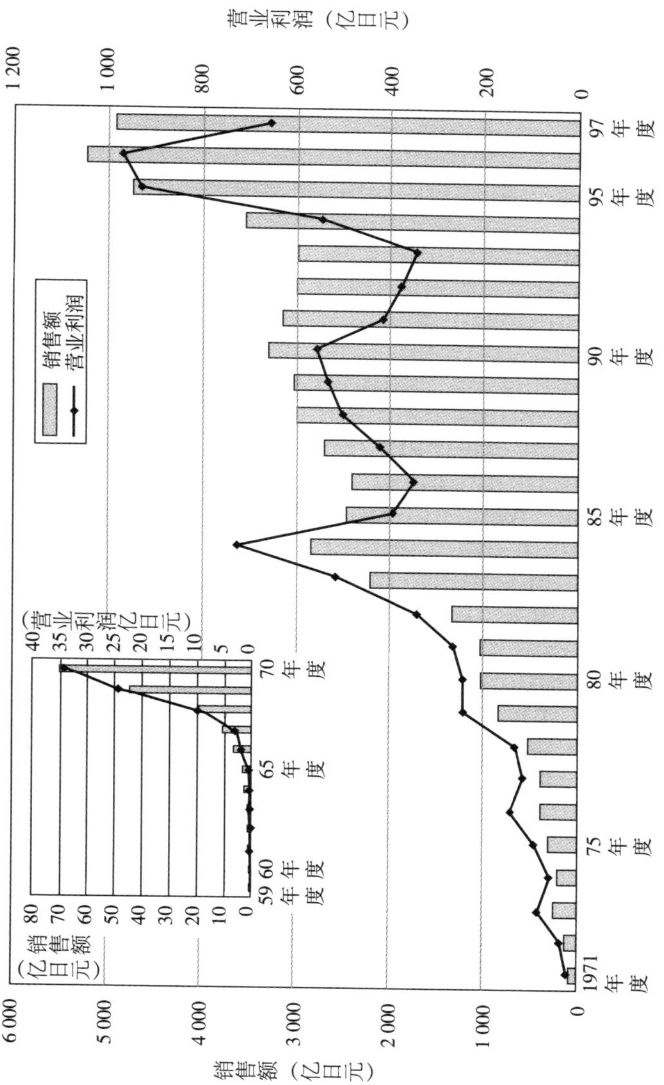

图1-1　京瓷销售额·营业利润推移

信相关的业务给公司带来了巨大的利润。同年销售额高达 5 240 亿日元，营业利润 969 亿日元，均创历史最高纪录。

如图 1-2 所示，1969 年度利润率高达 42%，其他年度也大都维持在 20% 左右，最少也没有低于 10%。即使在 1997 年，大型企业纷纷倒闭的严峻形势下，京瓷依然保持了 13.4% 的利润率。

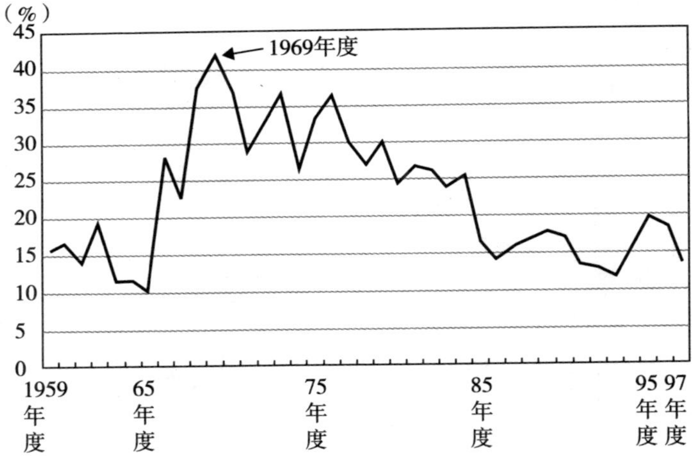

图 1-2　京瓷销售利润率推移表

高收益率不仅体现在京瓷的主营业务上，DDI 1997 年度的投资回报率达 3.6%，远远超过了 NTT 的 1.6% 和日本 TELECOM 的 2.8%。美国电力元件制造商 AVX 公司也在 1990 年被其并购后摆脱了濒临破产的命运，在短短六年间利润翻了近五倍。1995 年 8 月，AVX 公司在纽约证券交易所重新上市，获得 383 亿日元的连结股票收益。这可以算是日本企业进行海外并购最成功的案例。

通常，企业很难实现成长性和收益性的同步增长。如果要追求收益性，势必要抑制投资，如此一来，就很难实现高成长。但京瓷却做到了。其原因就在于京瓷能够及时抓住商业机会积极投资，业务一旦展开，立刻改善经营体制，消除一切浪费，争取在最短时间内提高收益。由此，京瓷不断扩大主营业务范围，实现了公司整体效益的稳步增长。

• 重现创业期的京瓷

为何京瓷可以连续多年保持业绩增长？京瓷如何开拓、发展新事业？其关键就在于阿米巴经营。阿米巴经营的初衷是挖掘员工的企业家精神。稻盛先生在谈到阿米巴经营的诞生背景时说："建第二家工厂时，有一件事情让我特别担心，当时京瓷的创建时间虽然不长，但凭着我们大家的创业热情，公司发展得很快。但我担心将来有一天，这种创业激情会随着公司的发展壮大而渐渐消失，担心公司最终会落入俗套变成一个官僚企业。基于这种担心，我想到了在京瓷内部培养企业家。"

阿米巴经营把公司分成若干个独立核算小组。阿米巴领导人按照一个小企业、小商店的方式独立经营，自食其力、自负盈亏。如同创业初期那个小型零件生产商京瓷一样，各个阿米巴要想生存下来必须全力以赴。俗话说，置之死地而后生，面临绝境时，人的潜力是无穷的，这正是阿米巴顽强生存下来并坚实成长起来的原动力。可以说，阿米巴经营再现了创业初期的京瓷。

- **让机会变成现实**

阿米巴领导人通过阿米巴经营得以在商海中不断地锤炼自己。京瓷员工的努力是常人无法想象的。世人甚至揶揄京瓷为“狂瓷”。可正因为如此，京瓷从来都没有患过“大企业病”。

在新事业开发这个问题上，各个公司态度不同。有的企业把新事业作为将来的发展支柱，会无视甚至纵容当前暂时的亏损。也有的企业可能仅仅把它作为一项无关紧要的旁支业务而不予重视。但在阿米巴经营模式下，新事业一旦商业化，就要马上开始对核算进行严格的审核，不留丝毫的缓冲时间。所以，一旦出现赤字，必定拼命努力，千方百计扭亏为盈。因此，和其他公司相比，京瓷能够更快地将机会转变为现实。

稻盛先生曾这样描述京瓷：“几个阿米巴组合起来形成一个大的阿米巴，这个大阿米巴和其他大阿米巴组合在一起，构成一个更大规模的阿米巴。其实，京瓷本身就是一个由全世界数千个阿米巴组成的巨大阿米巴。”

三、阿米巴经营的活力

● 发展太阳能产业

下面，我想通过京瓷太阳能产业的发展过程来解释一下阿米巴经营的活力。

1973 年，第一次石油危机爆发，太阳能作为替代石油等化石燃料的新能源受到世界各国的广泛关注。1975 年，京瓷与夏普、松下电器、美孚、泰科公司设立了合资公司“Japan Solar Energy Corp.（JSEC）”。京瓷是最大出资方，出资比例为 51%。

JSEC 成立的主要目的是应用泰科公司持有的 EFG 法，即控制带状蓝宝石基板技术，开发太阳能电池的量产技术。

1980 年，JSEC 解散后，京瓷设立太阳能新能源事业部，开始发展太阳能电池应用产品事业。同年，现任产品事业本部太阳能新能源事业部部长手冢博文先生被聘担任太阳能电池应用技术的研发负责人。

当时，京瓷把工作重心放在边远地区的电源开发和向发展中国家捐赠太阳能发电系统上。因为积累这方面的业绩是获得政府 ODA 援助的最快途径。

1982 年，京瓷在距巴基斯坦首都伊斯兰堡 300 公里、海拔 1 000 米、仅有 120 户村民的盆地——康扣伊村设置了 7 000 瓦发电量的太阳能电池。村民们从此喝到了汲上来的地下水，装上了路灯，每家每户都用上了 15 瓦的荧光灯。手冢先生还陪同稻盛会长、上西阿沙副社长出席了开通典礼。至今，每当回忆起来，手冢先生仍感慨万千，“尽管夜晚使用时间太长电量会耗尽，但村子里的男女老幼第一次接触到电，见到灯光，大家都很兴奋。稻盛社长（当时还是社长）还带去了糖果，孩子们围着他高兴得不得了。可能在他们眼里，我们就像神一样，带去了光明。这对我们来说也是项非常伟大的事业。”

“从这件事上，我们体会到，采用太阳能电池应用技术服务于人类，无疑是一件非常有意义的事业，我相信这种想法和激情将会一代一代传递下去，生生不息。”

- **研发人员负责科研成果的商业化**

当时，按 EFG 方法制造的太阳能电池不但价格高，转换效率也很低。一个月辛辛苦苦干下来，销售额也只有区区几百万日元，因此畅销产品的研制成了最紧急的课题。

京瓷面向一般消费者推出的第一款产品是用在索尼随身听上的充电器。随身听刚刚问世的时候，使用的是三节干电池。手冢先生天天冥思苦想如何把太阳能电池应用到随声听上，功夫不负有心人，他最终研制出了把太阳能电池放在窗户旁边来给镍镉电池充电的新一代产品。随后，手冢先生向索尼提出终止使用一次性干电池的建议。经过无数次的协商，终于引起了索尼的关注。但紧接着，索尼以价格太高为由向京瓷提出了一个非常难以接受的目标价格。

一般情况下，研发人员只是在研究所埋头搞搞技术开发，新技术开发出来后交给事业部就算完成任务了。但在京瓷不同。就如同研究开发本部研究企划部长宫田秀典部长提到的，京瓷反复强调“研发人员一定要培养自己的企业家精神，研发人员的工作目标不是单纯的技术开发，而是将各自的技术项目商业化”。

这个业务也是由手冢先生全面负责的。他热爱这些产品，而且有着十足的信心，“这是我们太阳能新能源事业部的第一个大型产品项目，无论如何一定要成功”。

研发阶段很顺利，只有一点小缺陷。就是在开启、关闭装太阳能电池的塑料盒子时缺乏“咔嚓”一声的质感。由于充电器要接受阳光直射，使用时塑料盒子会有少许膨胀。虽然只差 0.1 毫米，但出厂时和使用时的声音还是稍微有点不同。

起初，抱着侥幸心理交了货，结果不出所料，就是由于这个原因，没有通过质量检测，整批货被退回。京瓷迅速召集模具商和塑料成形商重新调试。半夜两三点讨论出结果后迅速开始试制，第二天早晨再交给索尼检测，如此反复调试了整整一个月。

索尼有一条不成文的规定，不合格次数如果达到七次，就断绝与该厂商的一切业务来往。手冢先生也曾经因为达到七次而被拒之门外，但他并没有气馁，经过无数次的试制和演示，终于通过了索尼的质量检测。

量产后，手冢先生亲自安装传送带，考虑人员配置，手把手地指导工人如何焊接。通常情况下，检品工序的质量标准制定、供货商的选择、合作企业的投入运行等都由专门的部门负责，但在京瓷，每个部门都好比一个小工厂，这些工作都必须由自己部门负责做好。

这对负责人来说很辛苦，但让最了解技术和产品的人做这些工作，可以更快更灵活地将科研成果商业化。而且，最重要的是员工会把这些工作当成自己的事业来对待，工作热情自然也会大大不同。

功夫不负有心人，充电器创造了上亿的销售额纪录，虽然还未摆脱亏损的局面，但这对太阳能新能源事业部来讲，是第一笔大生意。

● 进一步拓展事业

1982 年，为进一步降低成本，京瓷引进了德国的铸造法技术，通过对半导体硅进行造渣、精炼后再凝固的方法生产多晶硅太阳能电池。

要实现盈利，必须丰富产品种类。最终，京瓷研制出几百种太阳能电池应用产品，比如内置太阳能驱动水泵的强制循环式太阳能热水器、带太阳能电池的路灯——“太阳灯”、为解决宫古岛甘蔗园的病虫害防治问题而研制的杀虫灯等等。

在此之前，家庭用除湿风扇靠商用电源将房屋南侧的暖风不断地送入地板下面，然后从北侧把潮气排送出去。但遇到雨天送入的往往不是暖风，而是潮气。而且这种除湿风扇 24 小时运转，耗电量非常高。

京瓷为解决这一问题，想到了在屋顶设置一个面朝西南的太阳能电池，除湿风扇会在一天气温最高的 12 点左右开始运转，到了傍晚就会自动停止。而且，雨天不运转。这不仅节约了电费，而且还可以据此感知湿度和时间，是一种全新的概念产品。虽然刚起步时，推销进行得很艰难，但现在每月的销售数量已经达到 3 000 套。

1994 年推出的普通住宅用太阳能发电系统的年销售额突破 100 亿日元，太阳能新能源事业部也因此扭亏为盈。目前，京瓷的结晶型太阳能电池的国内市场份额已超过 60%，全球市场份额也位列前三名，在京瓷，太阳能发电已经成为 21 世纪的腾飞产业。

四、每位员工都是经营者

• 销售额最大化、费用最小化

前文中提到的手冢先生是一位太阳能发电工程师。京瓷现在有 1 000 多名阿米巴领导人，制造部门的阿米巴领导人掌管一道工序或一台设备，销售部门的阿米巴领导人掌管一种产品或一个销售地区。在阿米巴经营模式下，公司甚至给很容易被忽视的基层员工都准备了一个施展企业家才能的舞台。

但把公司的运营全权委托给没有任何管理经验的员工明智吗？让他们从社长的角度制定经营决策合适吗？

稻盛先生这样说：“企业经营无非就是个如何增加销售额和减少费用的问题，一点都不复杂。”

这里所说的费用指的是所需经费，是包含原材料费和劳务费在内的所有经费。企业经营就和经营香蕉摊或荞麦面馆一样简单，尽可能低价采购，然后争取提高销量，只要反复重复这一简单的事情就可以了。

• 每位员工都懂经营

只要理解“以最少费用换取最大销售额”这个道理，每位员工就都能学会经营。由此可以从员工中选拔一部分人作为领导人，根据他们的能力分配一个大小适宜的组织给他们去经营，摆脱只有决策层才能经营企业的局面。

其实，公司里的每位员工回到家都扮演着一个优秀经营者的角色。他们根据工资的多少合理安排各类花销，剩余部分存到银行以备将来不时之需，同时还要考虑房子和车等大项投资，处理子女教育和赡养父母等问题。家人卷入是非时还要作为一家之长全力解决问题。只要能做到这些，就已经具备了作为经营者所需的才能。

稻盛先生正是通过积极主动的授权，引导员工把这种能力活用在公司运营上。其实这就是阿米巴经营。

• 阿米巴成员朝气蓬勃地开展工作

阿米巴经营光靠领导者一个人是不行的。每个阿米巴大约有 10 位成员，他们才是阿米巴最大的财富。如果 100 个人当中有一个人偷懒，其影响可能微乎其微，但如果 10 个人当中有一个人偷懒，就会大大削弱阿米巴的战斗力。

也正因为人数少，每位阿米巴成员必须充分发挥各自的特长，相互配合、取长补短。

阿米巴经营正是一种全员参与、凝聚全体员工智慧的经营模式。

每位员工都朝气蓬勃地投入工作，并将个人能力发挥到极致。京瓷及京瓷集团的迅速崛起正是日复一日、年复一年踏踏实实执行阿米巴经营的结果。从下一章开始，我们会讲解阿米巴经营的具体模式及其背后的思维方式。

第二章

阿米巴经营的目的

一、组织结构创新

● 企业组织脱胎换骨

前一章讲述了阿米巴经营在京瓷的定位，接下来让我们看一下阿米巴经营的具体模式。

引进阿米巴经营模式到底会给企业带来什么好处呢？简而言之就是能够促使企业组织脱胎换骨。

阿米巴经营有五大目的：

（1）实现全员参与的经营；

（2）以核算作为衡量员工贡献的重要指标，培养员工的目标意识；

（3）实行高度透明的经营；

（4）自上而下和自下而上的整合；

（5）培养领导人。

本章里，我们将依次解释上述五大目的，然后围绕当今企业管理中一个非常重要的概念——赋权来分析一下阿米巴经营。

二、实现全员参与的经营

● 通过授权促使员工参与经营

现在许多企业都在倡导全员参与式经营，但关键是员工到底是站在一个什么样的立场参与的。

其中最常见的是高层管理部门听取基层员工意见并将其反映到经营决策中。这种做法虽然也被认作是一种参与式的经营，但实际上只是把员工当作一种信息来源罢了。

还有一种情况，就是让员工出席各种决策会议。出席此类重要会议对基层员工来讲是一件非常振奋人心的事情，能够让员工对参与到决策过程这一行为有切身的感受。但这种做法只能给员工带来一点自我满足，消除他们工作中产生的部分挫败感，效果甚微。

以上两种情况都不算是真正的授权，员工并没有真正得到充分施展才能的机会，因此很难说是一种参与式的经营。

● 自己的职场要靠自己去经营

在阿米巴经营模式下，每位阿米巴领导人就如同一个小工厂、小商店的老板经营自己的工厂、商店一样，必须要有“自己的职场要靠自己去经营”的强烈意识。

精密陶瓷事业本部部长中村升常务进公司三个月的时候被任命为一个月生产能力300万日元的阿米巴领导人。当时稻盛先生对他讲了一番话：“我们旁边街道上不是有个蔬菜铺吗？那个蔬菜铺每月能卖50万日元左右，你的阿米巴是300万日元，你可得比蔬菜铺那个大叔还要努力啊。”

听了这番话，中村升常务感触很深，“我当时恍然大悟，虽然我的阿米巴只有两名部下，但如何安排他们，全变成了我的责任。原来这就是阿米巴经营”。与此同时，一股工作热情也随之油然而生，“我一定要承担起所有的责任，和两名部下一起争取进一步提高业绩”。

● 领导团队

作为阿米巴领导人，领导团队是一项重要职能，必须率领所有阿米巴成员朝着共同的目标努力迈进。

国分工厂的永田龙二副厂长曾经谈道：“制造一个合格品不容易，它需要所有人的共同努力。但制造一个次品很简单，只要一个人就够了，而且想做多少就能做多少。”

为了保证产品过关，“对于产品规格，领导人一定要用心和部下解释清楚，如果有员工遇到难题，要耐心指导，帮助他们寻找解决问题的办法。”

- **集结现场员工智慧的组织结构**

阿米巴领导人并不是无所不知的。经营企业就是一个勇敢地挑战未知领域的过程，这就要求领导人要不断创新。

现在，日本的人工费用已达到世界最高水平，沿用以前的做法根本无法和世界抗衡，但又不能全部改成机械作业。机械设备只能在原有的基础上提高生产效率，如果要把生产效率提高几十倍，只能依靠人的智慧和创意。

智慧和创意并非来源于一流大学优秀毕业生的头脑。竞争力强的企业都拥有集结现场员工智慧的组织结构。

阿米巴经营把企业分成若干个阿米巴小组，这也是集结员工智慧的一种创新。各阿米巴必须自己想办法赚取正常运行所需的费用，根本没有余力容纳懒于思考的员工。一个十人左右的阿米巴要在残酷的环境中生存下来，就必须调动每一位员工的积极性，集结所有人的智慧。

- **为员工提供一个施展才能的舞台**

正因为阿米巴规模小，所以员工的建议一旦被采纳，其产生的贡献程度就变得一目了然。这样，员工就必须全身心地投入，虽然辛苦，但却很有价值。

在这一点上，阿米巴经营和QC（QUALITY CONTROL，质量控制）活动很相似。不同的是，阿米巴经营模式下，每一次改善都能通过具体的金额反映出来，因此效果也就更明显。

阿米巴经营激发了所有员工的自信，使他们认为“只要努力，自己也能做到”。每位阿米巴成员和领导人都是智慧的源泉，阿米巴经营为所有员工都提供了一个施展才能的舞台。

因此，在阿米巴经营模式下，每位员工都是企业经营活动中的主角，并非流于形式。

三、通过核算衡量员工贡献，培养员工的目标意识

- **单位时间核算是衡量贡献大小的指标**

阿米巴经营又被称之为小集体部门核算制度，在阿米巴经营模式下，每个阿米巴的盈利状况都一目了然。一提到核算，我们脑海里往往会浮现出艰深晦涩的会计学，但这里所说的单位时间核算非常浅显易懂，具体请参照表 2-1。

表 2-1　核算表（制造部门）

总出货	
对外出货	
内部销售	
内部采购	
生产总值	
扣除额	
原材料费 五金・商品采购费 外包加工费 维修费 电费 返还利息 部门内公共费 工厂经费 内部技术费 销售・总公司经费	
结算销售额	
总时间	
正常工作时间 加班时间 部门内公共时间	
当月单位时间核算	
单位时间产值	

单位时间核算的计算方法非常简单。各阿米巴给自己的产品或服务设定一个价格，按照这个价格和其他部门或其他公司

进行交易。这个价格是交易双方协商后制定的，并非成本价。交易所得金额就是该阿米巴的收入，从收入中扣除劳务费以外的所有费用后得出的是该阿米巴创造的附加值。

然后用它除以阿米巴成员的总劳动时间，得出的数值就是单位时间核算，它体现了阿米巴单位时间里所创造的附加价值。

具体内容请参考第四章。

● 树立明确的目标

树立明确的目标是阿米巴激发基层员工活力的另一个秘密武器。在阿米巴经营模式下，只有一个目标，即单位时间核算。

通常，公司决策层会有很多想法，这里也要改，那里也要提高，源源不断地制定各种新目标，这往往导致现场员工思维混乱，失去工作重心，结果可能导致什么都半途而废。

既然把公司经营全权交给了毫无管理经验的员工，那么尽可能简明扼要地给出一个发展方向就显得尤为重要。“单位时间核算”（每人每小时创造的附加值）正好符合了这一要求。

提高单位时间核算的方法只有三种：增加销售额、削减费用或者缩短劳动时间。只要瞄准其中一种，并想方设法去改善就可以了。

• 达成目标时的成就感

月初制定单位时间核算预算的时候，有一项必须要考察的内容，即计划在原有实力基础上再提高多少。无论预算是高是低，都必须要能体现出创新点，并且一定要是一个竭尽全力才能达到的数值。

目标越苛刻，达成目标时的成就感就越强烈。国分工厂半导体零部件第二事业部 PGA 第一制造科负责人肝付弘幸先生提到，“这种成就感其实也就是月底最后一天的四五分钟时间，就是中午统计完毕，午饭之前的那四五分钟。吃完午饭，就该考虑下个月的计划了。在这一刻，哪怕是曾经争得面红耳赤的员工都会忘记曾经的不快，尽情分享达成目标的喜悦。那种感觉特别好。”

• 促使阿米巴之间进行竞争

单位时间核算制度能够引发阿米巴之间的竞争。单位时间核算数值与销售额、利润不同，不受阿米巴规模及产品的影响。即使规模很小的阿米巴，只要提高工作效率照样可以取得很好的成绩。

当然阿米巴业绩会受市场整体走势的影响，因此不能单凭数字来断定阿米巴业绩的好坏，还要考察具体的运营情况。但数字的使用必然会激发员工不服输的精神。因此阿米巴之间既是交易关系、合作关系，同时也是竞争关系。例如，国分工厂的机构零件事业部的制造部，分为一科和二科，虽然两个科制造的产品不同，但却都非常在意对方的单位时间核算数值，互相把对方看作是自己的竞争对手。

由此可见，单位时间这一指标，有利于公司内部产生一种积极向上的竞争意识，阿米巴经营正是通过营造这种竞争机制来不断改善经营体制。

● 设法提高员工的核算意识

阿米巴经营采取多种方式来提高员工的核算意识。职场里到处张贴着各种表示核算的图表。在国分工厂，就连员工食堂也贴满了各科的业绩表。

晨会是提高员工核算意识的一个非常重要的场合。每位工人每天大约要出席三个不同的晨会。例如，首先出席所属科的晨会，之后各系再组织一次，最后以班为单位再组织一次。所有晨会都要宣读单位时间核算数值以及当天的活动方针，反复强调同一件事情有利于员工理解当天的工作内容。除了正式员工以外，还要把同样的内容传达给临时工等非正式员工，如此，所有员工都能够掌握各自阿米巴的单位时间数值。

而且，所有的员工都知道如何计算单位时间核算。前文中提到的肝付先生的下属、某系负责人中村健次先生说：“如果员工只知道检测或组装，而不会看单位时间核算，那在晨会上宣读也没用。因此我们要进行更高水平的教育，把整套计算方法教给员工。”

大多数公司往往只有会计部门的人会计算成本，在这种大环境下，所有员工都学会计算核算数值将会成为一种巨大的企业财富。换个角度看，正因为有了这种财富，才能把阿米巴的经营委托给现场的员工。

训练员工对数字的敏感度是阿米巴领导人的另一项重要任务。肝付先生在谈到自己的经验时说：“易耗品的采购订单是由使用者本人下的。这样，哪怕是一个不起眼的橡皮指套，生产多少产品会磨损一个，每个多少钱员工都知道得清清楚楚，而且使用者本人也能亲身体会到浪费对核算造成的影响。”

长此以往，员工自然会对数字越来越敏感。

- **享受游戏带来的乐趣**

话又说回来，目标虽然苛刻，但员工并没有丝毫的悲观情绪。如果员工被巨大的盈利压力压垮了，现场也不可能会充满活力。在一种什么样的氛围下经营阿米巴，每位领导人想法迥异。最常见的是把单位时间核算当作遵循一定规则玩的游戏来享受。

京瓷 Elco 有限公司董事兼销售部长佐佐木武夫先生在谈

到这一点时说："我年轻的时候，在东京做销售，经常研究怎么换乘电车或巴士能再节省十日元。同事之间经常互相比较谁花的交通费少。每发现一种更便宜的路线都会炫耀半天。如果觉得自己天天被核算追着赶着，肯定会很压抑，所以诀窍就是要高高兴兴，带着兴趣去做。"

四、实行高度透明的经营

● 扁平化组织的局限性

"高度透明的经营"是阐述阿米巴经营的一个关键词。引进阿米巴经营模式后，所有部门的经营状况都会变得一目了然。

现在许多企业开始简化原有的阶层制组织结构，向扁平化转变。因为相当一部分经营者发现随着企业规模的扩大，从决策层到现场的等级链变得越来越长，以至于很难把握现场的实际情况。有关这一点一定要注意，扁平化组织结构不是目的，只是手段，最终目的是通过组织的扁平化实现玻璃般透明的经营，加强组织成员间的信息交流，加快决策速度。

设置过多的管理阶层固然没有必要，但是，横向管理幅度的过度扩张也有可能会超出管理者的管理能力。在这种情况下，虽然决策层和现场的距离缩短了，但极有可能会出现部门之间横向调整困难、信息流通不畅，导致问题悬而不决。

- **细分组织直至透明**

那么为什么现场的经营会变得不透明呢？原因就在于原本性质不同的多种信息混杂在一起，互相干扰，遮盖了真相。这个问题单靠缩短从决策层到现场的距离是无法解决的。而按照产品或者工序重新归类、整理各项信息才是解决问题的根本。只要明确了信息的查询途径，就可以很快地找到所需的各类数据。

毫无节制的组织扁平化并不是阿米巴经营所追求的。实际上，京瓷的等级链绝对不短：事业本部—事业部—部—科—系—班。尽管如此，京瓷并没有出现现场经营不透明的问题。这正是由于京瓷采用了不同于组织扁平化的其他对策——组织的细分化。即凡是在经营决策过程中需要单独考察的都细分出来，作为一个阿米巴独立运行。

接下来让我们把阿米巴当作一个小商店来进一步解释一下。这个商店每天早晨从笸箩里拿钱去进货。之后把笸箩挂在店门口，每卖掉一件商品，就把钱放进去。傍晚打烊之后数一下笸箩里的钱，就能算出当天的收益。

如果只有一个笸箩，就很难知道哪些商品卖得好，哪些商品赚得多。但如果为每种商品都准备一个笸箩，每个笸箩的钱也只用来采购其对应的商品，而且卖掉该商品的钱只投入该管箩，就很容易把握每种商品的盈利情况。阿米巴的经营思路正是如此。

● 决策层能够清楚地了解经营状况

每个阿米巴都要独立统计销售额、费用及时间。工厂整体的“公共费用”及“总公司经费”由各阿米巴按比例分摊，即使是仅有几个人的最基层的阿米巴也要分摊该部分费用。通过认真统计以上数据来把握每个阿米巴的核算。

阿米巴经营就是把每一段整合性的业务划分成一个阿米巴，然后精确计算每个阿米巴的核算，这样一级级加起来就是全公司的核算。

决策层收到的第一手信息都是订单总额、销售额、利润、劳动时间、单位时间核算等大方面的，它简洁明了地反映了全公司的最新经营状况。当然，决策层也可以根据需要把数字一级级拆开，如此一来公司最基层的情况都会历历在目。通过数字让公司经营变得玻璃般透明，决策层可以更加准确地掌握每个环节的经营状况，作出更加准确地判断。

● 阿米巴领导人能够清楚地了解经营状况

实行玻璃般透明的经营并不仅仅是为了决策层，这对阿米巴领导人来讲同样重要。

阿米巴领导人最初掌管的都是一个规模很小的阿米巴。比如制造部门的阿米巴领导人掌管的可能只是一台设备，销售部门的阿米巴领导人掌管的只是某一个销售地区。

要保持经营的高度透明，这个“小”很关键。阿米巴规模越小越容易把握现状、发现浪费。这样，即使对经营一窍不通也可以找到妥善的解决办法。

- **阿米巴成员能够清楚地了解经营状况**

在许多企业，知道盈利情况的只限管理层。但阿米巴经营不同，为了让所有员工都体会到工作价值，必须让他们正视自己的劳动成果，其方法就是简明扼要地公开公司的经营情况。

阿米巴经营采用单位时间核算表来表示各阿米巴单位时间所产出的附加值。单位时间核算表和我们的家庭收支簿一样简单明了，即从收入中扣除花掉的。这和前文中提到的商店完全一样，找个笸箩，赚了钱就投进去，最后计算一下利润。这样，即使不懂会计的人也可以迅速地把握经营状况。而且，公开核算表可以让所有员工亲身感受所属阿米巴的盈亏情况。

- **及时把握经营状况**

除了高度透明之外，阿米巴经营还重视这种透明的及时性。大多数企业都认为，每天统计实绩很麻烦，很花精力，所以通常都是每月统计一次，几周之后再反馈给现场。

但现场每时每刻都会出现新的问题，为了解决这些问题，他们要不断地采取各种措施。如果以月为单位进行反馈，就很难知道哪种措施有效，哪种无效。而且，反馈时间拖太久，可能连当初采取了哪些措施都不记得了，更别提什么效果验证了，结果将来可能还会犯同样的错误。

阿米巴经营模式注重优先考虑现场管理的便利性。在京瓷，每天统计当天实绩，第二天一大早反馈给现场。每个月的实绩也会在结账后的第二天反馈给阿米巴领导人。正是有了这个速度，现场员工才可以及时确认工作成果，也更容易凝聚广大员工的智慧。

同时，决策层也可以及时地把握公司现状，迅速地作出经营判断。现场以及决策层对市场变化迅速及时地作出反应有利于公司抢先一步抓住机遇。

五、自上而下和自下而上的整合

• 调动员工的主观能动性

KCCS 的森田直行社长曾引用《企业再造》（《*Reengineering the Corporation*：*A Manifesto for Business Revolution*》）作者的话

说："领导者的工作不是让员工去执行自己的决策，而是调动员工主动去做的意愿。"

"自己真正想去做的时候，产生的力量才是无穷的。稻盛会长深知这一点。在开发新产品的时候，他曾召集所有事业部长问道：'接下来我想开发点新产品，我们采取这样的措施，就会产生那样的效果，我感觉将来肯定能成为一项大事业，你们觉得如何？有人感兴趣吗？'刚开始大家都很茫然，心想，'又来了'。"

"稻盛会长看了大家的反应，察觉火候还不够，不过他会反复征求大家的意见，直到最后有人开始慢慢觉得'这个主意确实挺有意思'，'你真这么想吗'，'是的，我觉得很有意思'，'那就由你负责做吧'。总之，稻盛会长只会把工作交给真正感兴趣的员工。他深知，只有真正想做的人才能取得成功。"

再举个例子，当初稻盛先生提出进军手机领域的时候，曾遭到了 DDI 董事们的强烈反对，"NTT 做了，结果赤字。美国自由化之后也开始发展手机事业，但没有一家盈利的。DDI 才刚成立不久，前途尚且未卜，此时投身手机事业是很危险的，还是不要染指为好"。

稻盛先生并没有轻易退缩，"我们一定会成功的。未来社会将步入无线网络时代，使用电话线的固定电话最终将被淘汰，早晚有一天我们会迎来一个可以随时随地、边走边讲电话的无线新时代”。但最初并没有引起任何人的共鸣。后来，终于有一位被说服，“我也这么认为”。稻盛先生继续追问：“那其他人呢？”大家依旧低头不语。于是，稻盛说：“那行，我们两个来做吧。”就这样开始了手机通信事业。后来，新公司成立不久就扭亏为盈，为京瓷集团在通信领域确立领先地位奠定了坚实的基础。

要想成就一番事业，首先要有激情，只有胸怀激情地去努力才能取得成功。仅凭决策层的意志还远远不够，必须要把这种意志传达下去，将其转换成员工自身的意志，唤起他们的斗志。

● 共享价值观

在企业经营中，自上而下和自下而上究竟哪个更重要，这是一个饱受争议的话题。其实，最理想的状态应该是两者的有机结合。这就要求决策层和生产现场员工必须要有共同的价值观。

任何决策层都有相应的经营理念，这个理念一定要反复强调直到被所有员工接受。京瓷借助京瓷哲学实现了决策层和基层的理念、价值观共享。

价值观共享是阿米巴经营正常运行不可缺少的因素。当然，我们并不是说其他企业也要有和京瓷完全相同的经营哲学。每个公司都有自己独特的价值观，无论何种价值观，最重要的是一定要将该价值观打造成全体员工共同的价值观。如果做不到这一点，即使引进了阿米巴经营模式，也很难让员工理解阿米巴经营的目的和体会到阿米巴经营的乐趣，也就无法真正挖掘出企业的潜力。

- **共享目标**

然而，这里存在一个很现实的问题，即仅凭抽象的语言，员工很难理解，因为他们并不知道该如何把决策层的想法和自己的实际行动结合起来。所以，我们常常看到许多企业的价值观都变成了裱在匾额里的装饰品，没有发挥任何作用。

特别是随着企业规模的扩大，决策层和底层员工之间的认同感和一体感日益稀薄，中层以下的非管理员工很容易产生“反正决策层也不会在意我们”的想法。

阿米巴经营既然把决策权下放给了现场，就会面临放任自流、失去对现场的控制力的危险。企业需要采取一些具体措施来防止此类问题的发生。单位时间核算这一指标正是联结决策层和现场的纽带，通过这一纽带，决策层和现场不仅有了共同的价值观，而且还有了共同的目标。

各阿米巴的单位时间核算加起来就是全公司的核算，决策层据此作出经营判断。另一方面，在现场员工看来，这也是决策层对自己工作成果的直接关注，这种感受可以大大激发现场的活力。

而且，决策层对改善单位时间核算作出具体指示后，现场员工据此承诺一个目标金额。双方使用同一指标，可以进一步统一方向。如此既保证了各阿米巴发挥其作为一个独立运营体该有的活力，又防止了各阿米巴随心所欲、偏离主旨。

有了单位时间核算这一共同指标，决策层可以随时指导现场的工作，同时现场员工也能够更好地把决策层的意志转化为自己的实际行动。

六、培养领导人

- **最根本的目的是培养人才**

阿米巴经营最根本的目的是培养人才。京瓷通过把阿米巴的经营权下放给员工，源源不断地培育出无数具有经营者意识的人才，而且避免了随着企业规模的扩大而滋生“大企业病”。

在京瓷，即使是20出头的年轻人也可以成为领导人，率领自己的团队。有时候可能还要指示、鼓励比自己年长的员工为达成目标而努力。而且遇到困难时，也必须靠自己去解决。

做一个领导人绝不轻松，但正如大多数京瓷员工所说，一旦体会到了掌舵的乐趣，就会尝试向更高层次挑战，品尝更大的喜悦。把经营权下放给员工后，员工的成长是惊人的。

- **充分开发员工潜力**

有一些中小企业经营者会说："我们公司不像京瓷有那么多人才，所以阿米巴经营不适合我们。"实际上这种想法是错误的。

上文中提到的中村升常务曾这样讲："以前有位初中刚毕业的小阿飞被分到我的阿米巴，刚开始我特别担心……结果三个月后，这个年轻人变得特别勤奋，工作特别努力。一年后，我就把他一个人单独划分成一个阿米巴，让他开始了独立经营。从此，他的言谈举止越来越得体，而且变得出口就是'怎么才能盈利'、'采取哪些措施可以提高效率'这些话题。他初中毕业才一年，还很年轻，可能觉得阿米巴经营就跟打游戏一样有趣吧。可能上学的时候成绩也不太好，没被表扬过。参加工作后，自己的努力得到肯定，所以越来越有干劲，越努力成绩就越好。"据说这位员工现在已经是一个拥有50多名员工的部门领导人，率领着自己的团队不断挑战着更新更高的目标。

中村升常务还提到："把阿米巴的经营权下放给员工后，

员工会自发产生一种周围人、甚至本人都无法察觉的能力。所以说，不要觉得企业中没有人才，而是人才的能力还没得到充分的发挥，一旦变成了经营者，任何人都有可能发挥出无穷的潜力。”

• 十人当中就有一人是经营者

许多可能在其他公司只能打杂的员工，都把自己的阿米巴经营得红红火火，并取得了很大的成果。

但阿米巴领导人的职责并不只是增加盈利这么简单。在努力增加盈利的过程中，培养正确的思维方式和判断基准也是极其重要的。同时，领导人还有责任引导手下员工也积极参与到经营活动中，并要挖掘、培养下一任领导人。

作为阿米巴的领导人，哪怕仅是一个班长或系长，也要具有作为社长的思想意识。京瓷大约有 13 000 名员工，共被划分为约 1 200 个阿米巴。也就是说，每十个人当中就有一人是阿米巴领导人。从这一点来看，在人才培养方面，京瓷和那些因为岗位不够而导致有部长级别能力的人做系长级别工作的公司有着天壤之别。最终，这种不同将会演变成一种巨大的实力差距。

- **营造一个比较容易经营的环境**

下放阿米巴的经营权并不是要放任自流。起步阶段提供员工一些简单易懂的管理工具，让员工从一个容易管理的小组织开始做起，这很重要。阿米巴经营模式中采用的管理工具是极其简单的“单位时间核算”，而且交给员工负责的第一个阿米巴都是可以一目了然的小规模阿米巴。

没有人天生就是个优秀的领导。自信都是在不断地积累成功经验之后一点点建立起来的。等员工有了一定的经验之后，再分一个更大更复杂的阿米巴给他。阿米巴经营模式正是通过这种方式为员工创造了一个谁都可以轻而易举经营一个阿米巴的环境，并能最大限度地挖掘出员工的潜力。

七、阿米巴经营和赋权

- **以现场的赋权为目标**

最后让我们来看一下阿米巴经营和赋权的关系。

赋权，顾名思义就是赋予权力。这一方式已经超越了单纯的权力下放和激励，其最终目标在于实现企业组织的改革创新和活性化。

泡沫经济破灭后，简化组织结构、实现组织扁平化受到了企业的广泛重视。中层管理者作为企业的中坚力量必须要担当改革创新的领头人。在这一背景下，近年来，有关中层管理赋权的呼声越来越高。

阿米巴经营的优势之一就是能从最基层开始，源源不断地培养下一代改革创新的领头人以及具有企业家精神的人才。从生产现场开始，所有员工积极主动地开展工作，最终实现全员参与式的经营。

● 把管理会计作为赋权的工具

要实现这种具有创新精神、充满活力的全员参与式经营，不仅要通过核算来衡量员工的贡献，培养员工的目标意识，而且还需要有一套能够让决策层以及所有阿米巴成员都能清楚地把握经营状况的体系。

这一点貌似简单，实则很难。除了要把组织细分到能彻底看清楚外，还要让阿米巴的核算也一目了然，并且还要保证能以最快的速度计算出来。

退一步说，即使实现了全员参与式的经营，但如果现场员工看不懂各项核算数据，就无法有针对性地采取措施。而且，如果无法感知自己的努力给核算带来的影响，也就很难产生动力。

在这一点上，阿米巴经营做得很出色。它是一套针对所有员工的赋权体系。在京瓷内部，阿米巴经营被称作是一套管理会计体系，但有趣的是，这套管理会计体系却经常被外界质疑。

我想，肯定有许多人都听说过，或者自己本身都认为，“管理会计的预算管理制度束缚了员工达成目标的动力，阻碍了员工的创造性”，“就算看到了会计数据，也还是不明白该怎样做”。

另外，肯定还有些人认为“管理会计是一种自上而下的控制体系，和赋权是不相容的”。但读完该书，尤其是第四章和第五章后就会明白，至少在阿米巴经营模式下，这种想法是错误的。

阿米巴经营是一套奉行全员参与式经营、保证现场员工能够亲自并及时地计算出核算数值、并能清楚地找到改善措施的管理会计体系。

第三章

阿米巴之间
通过内部交易展开竞争

一、把市场机制引入制造现场

● 客户决定价格

从产品导向到市场导向的转变，即产品的最终价格并非完全取决于成本，而是取决于其价值是否能得到客户的认可，现今已成为企业经营的常识。但京瓷早在创业初期就已经认识到了这一点。

稻盛先生在某次演讲中曾提到："创业第四年的时候，我们给松下电器制作显像管，每年松下都要求我们降价。……当时我们带着结算资料去拜访松下的采购部长，采购部长说，'这是什么价格，你们还有很大的降价空间'。……最后，我们篡改了一下决算资料去诉苦，'这个价格已经亏了，请务必多多包涵！实在不能再降了，还望能把价格往上提一提'。结果当场就被回绝了，因为他说‘就算你们亏了，但别的公司能以更低的价格做，你们做不了就算了’。”

对于一个电子零部件生产商来说，订单关系到企业的存亡。通过这件事，稻盛先生意识到，产品价格是由市场决定的，这是不可违背的规律。如果按照成本价加利润来制定价格，万一被拒绝，那一切就都没有意义了。

在和松下的交易中京瓷同时也认识到“虽然市场价格是由市场的自由竞争关系决定的，但成本却是我们自己可以控制的。……针对市场价格，能把制造成本压缩到多少这很关键。……竭尽全力降低成本，最终挤出来的就是利润”。

- **利润来源于制造部门**

利润是销售额减去费用的差额。简单地说，在制造阶段，只产生成本。随着工序的增加，成本也不断增加。另一方面，销售额是销售活动所得。因此，人们通常会认为销售结束计算出销售额后才能得出利润。换句话说，利润是由销售部门产生的。

一般情况下，我们把销售价和成本价的差额，即毛利当成是衡量销售部门业绩的指标。如图 3-1 所示，首先销售部门以成本价从制造部门购买产品，这也是销售部门的销售成本。在这之后就看销售部门能在成本价的基础上加多少卖给消费者了，加的这部分就是销售部门的收入。也就是说，销售部门对毛利的重视恰恰反映了利润来源于销售的想法。我们把这种方式叫做成本结算价格方式。

相对于成本结算价格方式，前文稻盛先生的言谈中蕴含了一种截然不同的想法。把稻盛先生的“价格是由客户决定的”这一想法引申一下，就是“要想产生利润，只能靠制造部门，也就是说企业的利润是由制造部门产生的”。

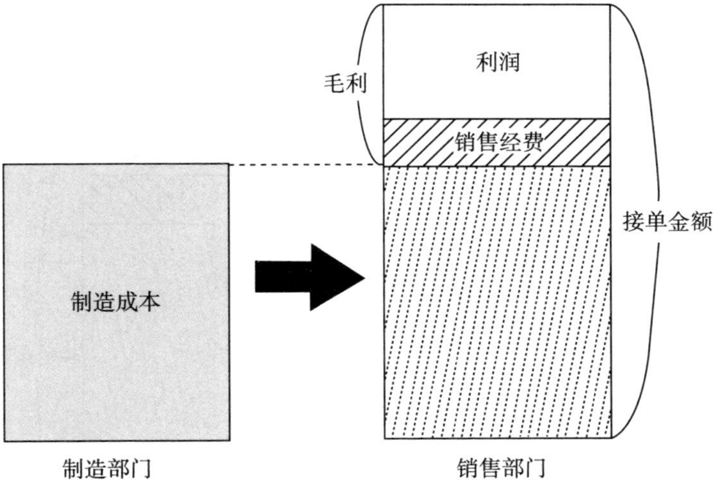

图 3-1　成本结算价格方式

根据这一想法，销售部门就变成了连接制造部门和客户的管道。在订货型生产方式下，销售部门有责任将市场信息反馈给制造部门，告诉他们为了维持公司的正常运转还需要降低多少成本。这和认为销售部门才是利润源泉的成本结算价格方式形成了鲜明的对比。

在阿米巴经营模式下，销售部门从客户那里拿到的接单金额被算作是制造部门的生产金额，然后从中支付一定的佣金给销售部门。如图 3-2 所示，销售佣金和销售经费的差额是销售部门的利润，体现了销售部门的努力成果。从生产金额中扣除支付给销售部门的佣金和制造成本后的金额就是制造部门的利润。制造部门为了保证扣除销售部门的佣金及制造成本后依然能够盈利，就必须要想方设法降低成本。这种利润计算方式

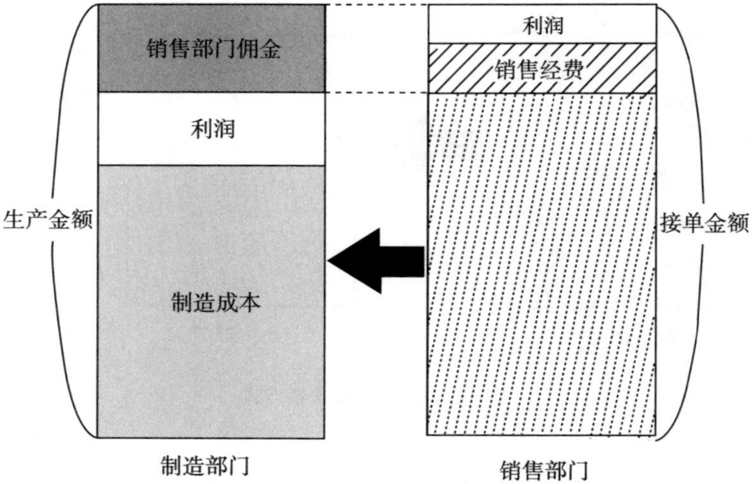

图 3-2　订货型生产方式

恰恰反映了稻盛先生“利润来源于制造部门”的独特想法。在本书里，我们把这种方法称之为订货型生产方式。

● 另一种市场信息传递方式

现在，京瓷并非只有订货生产这一种方式。京瓷有40%的销售额来源于照相机、手机、珠宝首饰等面向一般消费者的产品。这部分产品的销售和上文中提到的成本结算价格方式相同，都是销售部门先从制造部门购买产品作为库存，然后通过各种流通渠道销往市场。而和成本结算价格方式不同的是，京瓷销售部门从制造部门采购的价格是按照内部规定决定的一个合理的营业交付价格。为了和上文中提到的成本结算价格方式以及订货型生产方式区别开来，在这里我们把这种方式称之为备货型生产方式。

如图3-3所示，营业交付价指的是销售部门向制造部门提出的目标价格。营业交付价和制造成本的差额是制造部门的利润，因此制造部门为了赚取利润必须要考虑如何降低生产成本。由此可见，稻盛先生“利润来源于制造部门”的想法虽然表现方式不同，但在备货型生产方式中也得到了很好的体现。

营业交付价本身虽然能够反映市场变化，但并不如订货型生产方式敏感直观。即使这样，阿米巴经营还是特意采用了该

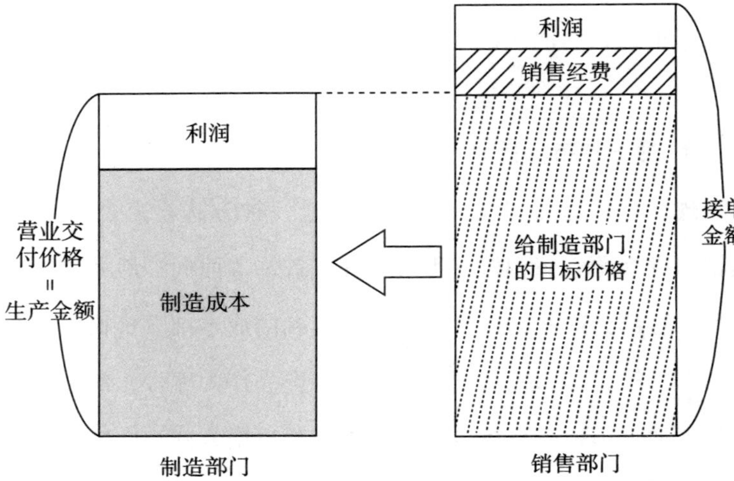

图 3-3　备货型生产方式

方式，这是由其背后的市场特性所决定的。接下来，让我们简单解释一下。

这里提到的面向一般消费者的产品，和根据各下游企业订单进行生产的电子零部件或陶瓷配件不同，生产安排靠的是销售部门的判断和估计，必然会伴随一定的流通库存。因此，必须要有一种体制能让销售部门意识到自己的库存责任。而且，面向一般消费者的产品，通过零售价就可以轻易把握市场动向，因此也就没有必要特意提高对市场变化的灵敏度。考虑到这两方面的平衡，针对面向一般消费者的产品，京瓷采用了以营业交付价为前提的备货型生产方式来代替订货型生产方式。

实际上，如果能像京瓷一样，销售和制造以及制造部门的各个工序间能够频繁沟通，而且每个阿米巴都有强烈的核算意识，即使采用备货型生产方式也可以很快地将市场信息传递到企业的各个角落。重要的是最终要让制造部门也有核算意识，提高竞争力。如果过度拘泥于手段，而不会变通，那就得不偿失了。

不过，在后文中，为了使观点更加清晰，就不再提备货型生产方式了。订货型生产方式才是稻盛先生想法的典型反映，也是京瓷大多数阿米巴采用的方式。接下来我们要比较一下这种方式和众多企业采取的成本结算价格方式的不同，通过具体的例子来详细讨论一下如何培养制造部门的市场意识。

• 培养市场意识

如前文所述，在许多制造部门阿米巴的单位时间核算中，接单金额就等于生产金额。这样做可以促进市场信息的快速传递，培养制造部门的市场意识。

假设某产品成本价是 6 000 日元，零售价是 10 000 日元，每月卖 100 个，那么公司的销售额就是 100 万日元。如果支付给销售部门的佣金是零售价的 10%，那么销售部门每月领取的佣金总额就是 10 万日元。由于产品成本是 60 万日元，所以制造部门的利润就是 30 万日元（=100 万日元−10 万日元−60

万日元）。

如果市场价格发生变化，零售价格跌到 8 000 日元，如表 3-1 所示，制造部门的生产金额变为 8 000 日元× 100 个 = 80 万日元。支付给销售部门的佣金是 80 万日元× 10% = 8 万日元。如果产品成本不变，依旧是 60 万日元的话，那制造部门的利润就变成了 12 万日元（= 80 万日元 - 8 万日元 - 60 万日元）。

表 3-1　制造部门损益表

——订货型生产方式情况下

单位：万日元

	变化前	变化后	差额
生产金额	100	80	Δ20
销售佣金	10	8	Δ2
制造成本	60	60	0
利润	30	12	Δ18

利润的减少正是提醒制造部门降低成本的信号。京瓷就是通过这种制度来将市场的变化迅速、直接地传递给制造部门。

而在成本结算价格方式下，把制造成本直接作为结算价格。如表 3-2 所示，只要卖给销售部门的结算价格不变，就不会给制造部门造成任何影响。这就很难让制造部门感知到市场的变化。对市场反应灵敏度的不同，导致了制造部门的反应也不同，这种不同最终将会造成巨大的实力差距。

表 3-2 制造部门损益表

——成本结算价格方式情况下

单位：万日元

	变化前	变化后	差额
成本结算价格	60	60	0
制造成本	60	60	0
利润	0	0	0

- **带给销售部门压力**

这种订货型生产方式除了可以强化制造部门体质外，还可以加大制造部门给销售部门带来的压力。

还是刚才的例子，零售价的下跌直接影响到制造部门的利润。价格取决于客户，对此制造部门也只能接受，但同时制造部门也要考虑自己阿米巴的生存，所以必然会向销售部门施加压力，比如“能否卖得再贵点”，“能否再找找其他出价更高的买家”。

如此一来，销售部门就无法因为自己是拿佣金而对售价不闻不问。零售价下跌，不但佣金会减少，而且还会面临来自制造部门的压力，因此销售部门必然会加倍努力设法满足制造部门的要求。这对防止销售部门的闲散和不负责任的销售活动也起到了一定的牵制作用。

- **销售部门和制造部门之间的沟通**

在这种体制下，销售部门和制造部门要想双赢，必须要频繁地交流信息、加强沟通。

销售部门要告诉制造部门客户需要什么样的产品。另一方面，制造部门要携手研发团队，认清自己现在的技术水平，积极提交其他企业没有的产品方案。这样既可以保证制造部门利润的稳定增长，同时也可以令销售部门的销售活动更加轻松。因此，即使没有决策层的介入，仍然可以促进销售和制造之间的信息交流。

得益于此，京瓷的手机产品更新足足领先了其他公司产品半年。在这个瞬息万变的时代，如果能领先半年，就可以避免为了消除库存而大幅度降价，同时还可以通过零部件的统一采购降低成本。销售和制造的鼎力合作成果最终将表现在每款手机的利润率上。

- **阿米巴之间的交易**

沟通交流并不仅仅发生在销售部门和制造部门之间。市场信息借助各阿米巴之间的交流，沿着工序由下至上，传递到制造部门的各个角落。

在京瓷，每一道工序都是一个独立的阿米巴，进行独立核算。阿米巴之间的产品流动不是基于成本价的单纯的交付，而是按照双方协商决定的内部价格进行的交易。这就是所谓的内部销售和内部采购。

假设有一个如图 3-4 所示的生产流程。每道工序都是一个独立核算的阿米巴。产品的流向由左至右，从左边的上游阿米巴购买半成品，进行加工，然后卖给右边的下游阿米巴。

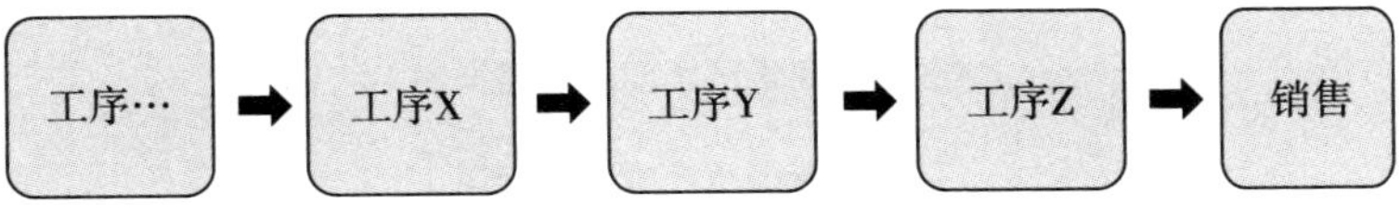

图 3-4　各工序阿米巴

而具体的交易流程是根据右边即下游阿米巴的订单量，在充分考虑自己的成品率等经营能力后，向左边即上游阿米巴购买所需量的材料。

下面让我们参照表 3-3 看一下。假设销售阿米巴拿到 100 万日元的订单，这也是 Z 工序的生产金额。如果佣金率是 10%，销售的佣金收入应该是 100 万日元× 10% =10 万日元。

假设 Z 工序的制造成本是 20 万日元，那么 Z 工序向 Y 工序采购的时候，为了确保盈利，最高不能高于70万日元（100万日元-10万日元-20万日元）。双方交涉后，从Y工序采购的总金额最终定为60万日元。这样，Z工序的利润就是10万日元。

当然对Y工序来讲，这60万日元就是Y工序的内部销售总额。以此类推，Y工序花25万日元从X工序购买半成品。除此之外，Y工序还花费了15万日元的生产成本，因此Y工序的利润是20万日元。而X工序再向上游阿米巴进行交易，获得11万日元的利润。

表3-3 阿米巴之间的交易案例

——订货型生产方式情况下

单位：万日元

	工序…	工序X	工序Y	工序Z	销售
对外出货				100	
内部销售	10	25	60		
内部采购	…	10	25	60	
销售佣金（收取佣金）				10	（10）
制造成本	…	4	15	20	
利润	…	11	20	10	10

这种交易关系在企业内部形成了一个内部市场。这个内部

市场通过销售部门连接着外部市场，因此外部市场动向可以迅速地传递到企业内部的所有工序。

如果销售阶段的零售价等交易条件恶化，只要没有极特殊的情况发生，工序间的交易也会随之变得艰难。而交易金额一旦下降，制造部门的各个阿米巴必然要考虑降低成本。

可以说，在阿米巴经营模式下，不仅是和销售部门有直接接触的工序，其他所有工序都有市场意识，都要根据市场变化进行经营。

二、定价是经营之本

- **每个阿米巴都是一个小的利润中心**

在职能制组织结构下，工序间的产品流动是以制造成本作为结算价格的。而在事业部制组织结构下，各事业部之间虽然也以市场价格为基准进行交易，但事业部内部工序之间的产品交付还是以制造成本价为基准。无论何种情况，都是在前一道工序的成本上简单地加上自己工序发生的成本。换言之，各工序只需承担成本责任。

但在京瓷，哪怕是最基层的工序之间的产品流动也不是基于成本价的单纯交付，而是按照双方协商的价格进行的交易。每个阿米巴都是一个小的独立利润中心，通过和其他阿米巴的交易赚取利润。也就是说，所有的阿米巴都负有核算责任。

• 领导人自主定价

这里有一个问题，就是如何定价。有关这一点，京瓷奉行的是由阿米巴领导人根据本人意愿自行决定的原则。实际上，这个本人意愿很重要。

稻盛先生常说，“定价才是经营之本”。定价有许多选择依据，比如薄利多销或者厚利少销。定价时，看清客户能够欣然接受的最高价格很关键。由于业绩在很大程度上取决于定价，因此对经营者来说，定价是一项责任最重大的决定。

这并不仅限于同外部客户的交涉，阿米巴之间进行交易时也同样适用。领导人肩负着决定各自阿米巴存亡的使命，因此在进行价格交涉时，必须要有自己的想法。

• 定价体现经营头脑

阿米巴领导人凭借商人应具备的才智和其他阿米巴进行交易。假设某阿米巴从下游工序接到半成品 A 的 1000 件订单。但如果按照以往 10 日元的单价出售就会亏损。遇到这种情况，领导人必须要考虑是否接这个订单。

解决办法有很多。假设该阿米巴能同时以 15 日元的单价拿到半成品 B 的 500 件订单，那么在采购 A 和 B 通用的原材料时就可以降低成本，综合算下来可以保证盈利。该阿米巴领导人还可以跟下游工序领导人谈一下该想法，如果对方同意，交易就能成立。由此可见，即使是乍一看不盈利的订单，只要发挥领导人的智慧，照样可以盈利。

另外，正确把握良品率也是领导人必须具备的一项重要能力。因为良品率的计算直接关系到从上游阿米巴采购的材料数量。假设领导人认定自己部门的良品率为 98%，则生产 1000 个合格品就需要购买生产 1020 个（1000 个÷ 98%）产品所需的材料。如果实际良品率为 90%，使用等量的材料就只能生产 918 个（1020 个× 90%）合格品，这就必须要追加原材料，也就是说领导人没有准确地把握好良品率。

反之，如果实际良品率达到 100%，就可以生产 1020 个合格品，比订单数多出 20 个。如果下月还有同样的订单，就可以把这 20 个转到下个月去。但如果今后没有该产品订单了，这 20 个就彻底浪费了。

不过，阿米巴之间的交易并不单是冷酷无情的数学计算，还带有类似借贷关系的感情色彩。在上述例子中，假设没有订单要那多出来的 20 个产品，那么这些产品就变成了滞销库存。但如果下游工序能主动把这些产品活用在其他产品上，就可以避免浪费。这就类似于我们所说的欠了人情债，今后可以通过降低价格或者满足对方交货期等形式偿还。这也正是现实生活中具有人情味的交易的体现。领导人在定价时，一定不要忘了考虑这些因素。

总而言之，阿米巴领导人只要充分发挥自己的商业头脑，采取最能盈利的办法就可以了。如同上述事例，即使个别业务暂时无法保证足够的利润，只要熟知并提高良品率、生产效率，照样可以实现盈利。

- **经营上的差距最终会反映到业绩上**

在阿米巴经营模式下，各阿米巴之间的交易非常接近于实际企业间的交易。每个阿米巴就如同一个小工厂，只有集结所有员工的智慧，共同努力才能生存下去。经营出色的阿米巴和经营不善的阿米巴，其业绩相差甚远。

当然，如果每次交易都要交涉，既费时又费力。在生产半导体零部件这样的工序中，如果每个月都有固定的订单，就可以提前决定一个利益分配比率，或制定一定的折扣规则。但是否制定规则，以及制定什么样的规则，取决于领导人的商业头脑。这所有的一切累积起来将会造成巨大的经营差距。

- **考察每一种产品的核算**

定价时要考察每一种产品的核算。前文我们提到一个订单中搭配多种产品的情况，领导人在进行判断时也要单独考察每一种产品的核算。如果只知道把几种产品放在一起算个笼统账，就无法辨别每种产品的盈利情况。不同的产品，其零售价和成本时刻都在变化。而且，每种产品所占的比例也并不是一成不变的。即使刚开始盈利的产品也有可能在不知不觉中变成亏本的。另外，有时候还要根据需要接一些利润不高的新产品或战略性产品的订单，定价时也要单独考虑每一种产品的核算。

- **下发承包制度**

接下来让我们看一下下发承包制度这种独特的机制。在京瓷，阿米巴之间交易关系的设定遵循整体最优化原则，并不需要拘泥于工序顺序。

例如在国分工厂的机构零件事业部一科，如图 3-5 所示，共有切削、烧结、研磨三个系。同时负责最后出货的研磨系是原承包方，从销售部门拿到订单后分别向切削、烧结两个系下加工订单。也就是说，从产品流向看，虽然切削和烧结是两个前后衔接的部门，但他们之间并不发生交易关系。研磨系首先把切削系加工完之后的半成品全部买过来，再委托烧结系对这些半成品进行烧结加工。烧结完毕的产品在研磨系加工后再交付给销售部门。

这种交易关系是由这几个系的上层管理部门负责人——科

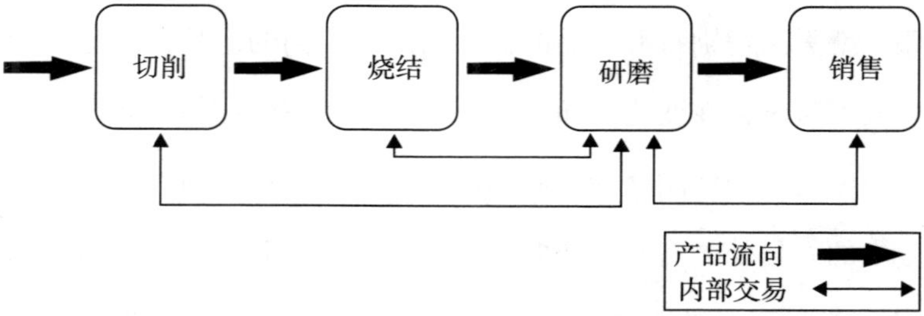

图 3-5　承包制度

长根据最大调动各阿米巴积极性以及以最快速度将市场动向传递到企业内部的原则来决定的。如果优先考虑市场动向的传递，那么图 3-5 中所示的交易关系是非常有效的。如果其中某个阿米巴的领导人特别优秀，也可以让其代替研磨系做原承包方。总之，一定要本着利于经营的原则来设定阿米巴间的交易关系。

如果现有的交易关系已经不再有利于把握经营现状，就可以随机应变随时改变这种交易关系。但在此之前，一定要充分考虑一下改变后的好处和改变所需的成本。

- **阿米巴之间的订单竞争**

在阿米巴经营模式下，可以不受工序顺序的限制和其他不相邻的阿米巴进行交易。如果多个阿米巴都可以进行同一种加工，那么甚至可以改为和条件更优惠的阿米巴进行交易。

如果交易对手被固定，就很容易导致卖方强势。但如果可以和多个阿米巴进行交易，买方则完全可以根据需要自由选择。由此可以促进阿米巴之间的竞争，防止卖方阿米巴垄断价格，控制交易。

比如，在半导体事业本部和精密陶瓷事业本部都有可以进行陶瓷金属化加工的阿米巴，如果某一方不能满足自己的要求，就可以选择同另一方合作。

实际上，这种做法迟早会破坏阿米巴之间的相互信任，并且耗费交涉成本，因此并不常见。但这种机制的存在很重要。定价时，这种机制的存在与否，将大大影响交易双方的力量对比以及紧张感。

- **定价必须符合交易双方的意愿**

阿米巴之间的交易也存在价格谈不拢的情况。遇到这种情况，由统管这两个阿米巴的上级部门负责人进行调解。也就是说，科级别的阿米巴之间的纠纷由部长出面调解。

但上级部门进行调解时，也要优先考虑阿米巴领导人的意愿，不能将价格强加给交易双方。所以，要反复和阿米巴领导人进行沟通，直到双方都认可为止。一般情况下，会以熟知市场动向，能客观判定价格的一方所提出的意见为参考，最后取得一致。

关于这一点，精密陶瓷事业本部部长中村升常务曾谈到：“不能因为我是上司就由我来定价格，这违背了阿米巴的交易原则。如果把自己制定的价格强加给阿米巴，人家领导人必然会说‘就因为你定的价格不好导致了我们业绩不好’。所以在调解价格纠纷时，上级领导必须认真分析交易双方的主张是否合理，为什么合理。我甚至认为，我是没有定价权的。定价关系到阿米巴的生死，作为上司绝不敢随便定价。”

- **引导双方达成一致**

价格纠纷经常发生在销售部门和制造部门之间。“客户只能接受这个价格”，“那我们制造部门就赔死了”，诸如此类的争论屡见不鲜。

京瓷出口海外的陶瓷泵零件因为日元升值出现赤字时，中村升常务曾召集销售部门和制造部门双方进行了一次会谈。根据双方提交的材料，发现销售部门报出的价格居然是客户希望的最低价格，中村升常务指示道：“我们的产品质量好，供货也稳定，以此为理由一定可以提高售价。”同时，中村升常务让制造部门出示有关成品率、次品率的所有资料，根据资料显示的数据问道：“这儿和这儿就没有办法再改善了？”结果制造部门回答说：“这儿我们现在正采取这样的措施在改善。”

把所有的改善效果一加，居然变成了黑字，有了盈余。最终中村升常务总结说："现在不能停产，要盈利可能还需要三个月或者半年的时间，但销售部门如果能按照这个价格拿来订单坚持做下去，慢慢我们就可以扭亏为盈了。"这种沟通，既可以让交易双方信服，又能够明确各方的努力方向。

三、从公司外部采购

• 同其他公司进行竞争

阿米巴也可以从其他公司直接采购。哪怕公司内部其他阿米巴可以生产，只要外面有更好的产品，完全可以从外部购买。为了满足客户需求，必须用最好的零部件。在生产手机的北见工厂，有的电子零部件来自公司内部，有的则是从同行的其他大公司采购的。

如此一来，作为供货方的阿米巴必然要面临同外部其他公司的激烈竞争。不能因为是自己公司的部门就盲目保护，而要促使他们想方设法争取在质量和价格上超越其他公司。允许从外部采购，其实就是通过把市场引入企业内部来推动制造部门的改善。

四、销往公司外部

- **尊重阿米巴的独立性**

阿米巴不仅可以从公司外部直接采购，还可以将各自的产品卖到公司外部。为了生存下去，阿米巴时时刻刻都在关注一切可能的商机。一旦发现，就会主动向销售部门提出自己的销售意愿。当然，如果存在核心技术外流的风险，公司会加以制止，但一般情况下公司会尊重阿米巴的意见。

京瓷热敏式打印机的打印头基板就同时卖给内部的薄膜事业部及外部其他公司。

另外，ECOSYS 打印机采用非晶体硅感光鼓代替传统的 OPC 感光鼓，是一种耐久性很高的产品。现在这种非晶体硅感光鼓也同时面向其他公司销售。

如果给阿米巴太多的限制，就意味着要更多参与它的经营活动，这违背了让每个阿米巴依靠自己的智慧自力更生的原则。不如放手让阿米巴自主经营，同时让他们肩负起自负盈亏的责任。

五、跳出阿米巴的框框进行思考

● 不能只考虑自身利益

让阿米巴自力更生并不意味着可以只管自己不顾他人。如果把公司比作是一个庞大的生物体，那阿米巴就相当于眼睛、鼻子等各个器官。在最大限度地确保阿米巴自主性的同时，也坚决不允许有损害公司整体或长期利益的行为。

各阿米巴充分发挥自己的商业头脑进行竞争的同时，也要确保和其他阿米巴的协调。在作出某项决定时，一定要跳出阿米巴的框框思考。

换个角度想，这也算是一种交易。虽然不是“吃小亏占大便宜”，但如果只考虑自己部门的利益，不但不利于公司整体的成长，而且会损害客户或者地区共同体的利益。

京瓷有这样一句话，“销售保交期，制造接订单”。一般企业对此的想法应该是相反的，是销售负责接收订单，制造负责保证交货期。京瓷将此话反过来讲恰恰反映了如果只顾自己，而不能站在对方的立场上去进行经营的话，那阿米巴经营是无法成立的。

而且阿米巴的利己行为给企业组织造成的负面影响会赤裸裸地反映在单位时间核算表上，因此会及时受到纠正。

● 要有全局观

总之，全局观很重要。但具体该怎么做呢？

首先，要脚踏实地做好日常工作。阿米巴的所有工作都是和其他部门联系在一起的。但由于整个组织被划分成许多独立的小集体，稍不留神阿米巴和阿米巴之间就会发生问题。比如，自己所属的阿米巴已经做好了加工的准备，但供货方阿米巴却突然发生故障交不了货，那就只能干等。在这种情况下，领导人一定要事先建立一种可以及时获取此类信息的体制。而且，一旦发生此类问题，应立即派人增援，保证材料的顺利供应。

此外，还要以月、周为单位制定详细的计划，并随时检查是否有遗漏或错误。在京瓷，为了做一个模拟，可以花费一整天的时间。在预算编制会议上，要对所有问题一一进行确认，比如“所需的材料都准备好了吗”、“哪天能做完”等等。在确认过程中，如果发现新问题，要立刻通知所有人一起调整。

最根本的还是沟通。阿米巴之间汇聚和流动着大量的信息。如果太在意与其他部门之间的界限，各部门的经营就会停滞不前。比如，设计部门的设计图改了，生产部门却没有收到通知，那么按照旧的设计图加工出来的产品就全部报废了。

● 要有正确的判断标准

光有全局观还远远不够，重要的是在此基础上作出正确的判断。特别是在阿米巴经营模式下，领导人不能一味等待上司的指示，要自主、迅速地作出判断。

因此，阿米巴领导人必须在日常活动中逐渐培养一种正确的判断标准。京瓷大力推广经营理念也是为了让所有员工拥有一套正确的判断标准。阿米巴领导人及其他所有成员要跳出阿米巴的框框站在全局的立场上作出正确的判断。这样企业才能作为一个完整的生命体正常运行。

六、阿米巴经营和市场

● 提高竞争力

阿米巴之间的交易是理解阿米巴经营的一个重要方面。前文中已经提到过，阿米巴经营模式可以将市场动向及时地传递到制造部门，制造部门据此很容易得知哪种产品可以盈利以及应该如何控制成本。同时各阿米巴还面临与公司外部供货商或者内部其他阿米巴之间的竞争，在这种模式下，各阿米巴只有不断地调整策略，适应日益变化的市场环境才能实现盈利。

这种模式将大大提高企业的竞争力，是阿米巴经营的一个重要优势。而这种优势在将制造部门和销售部门的责任彻底分开，认为销售部门负责市场，制造部门负责生产的体制下是无法获得的。销售部门和制造部门之所以能齐心协力迅速适应市场变化就是因为双方同时身处激烈的市场竞争当中。

- **实现并行工程方式**

在阿米巴经营模式下，制造部门获取市场信息后，联合开发部门共同探讨自己的技术优势以及能够向客户提供的有竞争力的产品，最终将方案提交给销售部门。这已经远远超越了单纯的部门间的沟通合作，说明京瓷在很早以前就已经实现了并行工程。

作为最近的一个热门话题，并行工程是一种在提高产品性能及客户满意度的同时又能有效降低成本、缩短开发周期和上市时间的产品开发方式。这也是它在这个竞争型社会受到关注的理由。

并行工程中，并不是采取开发部门的开发工作完毕之后再把结果交给设计部门的串行方式。开发部门在开发过程中就要将相关的信息提供给设计、采购或者生产技术部门。由此这些部门既可以同时开展各自的工作，也可以将各自的想法或者不合理的因素及时反馈给开发部门。最终，可以大大缩短产品的开发周期和上市时间，通过吸取其他部门的意见提高产品性能，并使许多生产上或者采购上的问题在开发早期就得到解决。

大多数人认为，推行这种并行方式需要组成项目团队，使用团队办公空间，建立能够促进信息传递和共享的集成化信息系统。但从第一章中提到的产品事业本部太阳能新能源事业部部长手冢博文先生的事例中可以看出，虽然没有上述条件，但作为开发部门负责人，手冢先生在与制造部门携手的同时，还积极邀请模具和原料供货部门一起开发，同样实现了所有相关部门的并行交叉作业。这种现象在京瓷随处可见，手冢先生并不是一个特例。

- **视其他阿米巴为内部客户**

为何在京瓷可以实现这种跨部门的合作呢？我们知道日本企业内部的组织界限本来就很模糊，但这并不是充足的理由。应该说是阿米巴经营模式本身促成了这种跨部门的合作。

阿米巴经营把企业组织细分为无数小集体，并把各个小集体的经营全权委托给领导人。但阿米巴之间是相互依存的，单凭自身的力量是无法盈利的。各阿米巴根据市场规律同其他阿米巴进行交易，其他阿米巴都是企业内部市场中的客户。在这种架构下，虽然企业会对单个阿米巴的核算进行严格的考察，但作为阿米巴，只有积极地同内部客户进行合作才能确保自己的利益。

例如，制造部门的阿米巴，一定要和其他阿米巴相互交流各自的生产安排，并根据需要进行适当的调整。否则就可能无法按时交付产品，从而和内部客户产生纠纷。阿米巴之间的信息交流实际上也是一种商谈。

因此，本书序中提到的“过于强调单个阿米巴的核算会不会导致各个阿米巴以自我为中心从而搅乱了公司整体的和谐”，这一担心是完全没有必要的。读到这里，读者的疑虑应该已经被打消了吧。

第四章

使用单位时间核算衡量业绩

一、单位时间核算的思路

- **来源于现场的会计体系**

在本章里，我们将分析一下单位时间核算。

单位时间核算是在京瓷成立后不久，由工程师出身的稻盛先生创造的来源于现场的管理会计体系。稻盛先生没有采取大多数企业所惯用的手法，他总在不停地思考“经营到底是什么”，不懈地探索经营的本质。单位时间核算的特色就在于它简单易懂，即使不懂会计也同样可以轻而易举地运用自如。

有的会计制度再怎么精练也还是显得过于复杂，而且通常只有精通会计的人才会使用。经常有人说“我们的员工不擅长和数字打交道”，难道员工真的不擅长吗？

在这个世界上，大多数家庭都靠每月从公司领的工资来安排家计，剩余部分存起来以备将来不时之需。因此大家不可能不擅长。如果到了公司变得不擅长了，与其说是员工的问题，不如说是数字的提供有问题。

京瓷的会计是在现金收付基础上，从收入中扣除花销得出利润的一个简单计算，就如同家庭收支簿一样简单易懂。而且，用利润除以总的劳动时间来作为衡量核算的指标，这种方式可以让员工更加直观地了解自己每小时所创造的附加价值。

- **反映经营状况**

单位时间核算并不是笼统地计算全公司的总数，而是以每个基层阿米巴为单位进行的精确计算。通过精细地划分工作提高数值的精确度，阿米巴成员的所有行动都会变得如玻璃般透明。整个阿米巴的经营状况也会很清晰地反映在最终的核算表上。

如果要小聪明，采取只利己不利他的方式，或者有引发其他阿米巴不满情绪的行为，即使短期业绩不错，两三个月后问题也必然会慢慢暴露出来。只有采取任何一方都赞同的方式，从根本上去解决问题，才能不断提高每个月的单位时间核算数值。

• 评价员工为公司作出的贡献

单位时间核算数值表示的不是一个阿米巴总共创造了多少利润，而是单位时间内创造了多少附加价值，它是衡量员工为公司这个命运共同体所作贡献的一个重要指标。

采用小集体部门核算制度最大的问题就是各部门只顾自己的利益从而损害了公司整体的利益。为了防止出现此类问题，在评价单位时间核算时，不过度强调单个部门的利益。对成绩好的阿米巴，不会给予金钱奖励，只给予他们“为公司作出卓越贡献”的荣誉。公司的整体利益最重要。如果为了自己部门能够盈利而不惜损害其他部门的利益，必将受到严厉指责。

在阿米巴经营模式下，组织被划分成许多小的单位，因此同其他相关部门的合作显得尤为重要。而且阿米巴的领导人拥有绝对的经营权，他们能否作出正确的判断是成功与否的关键。因此，决策层有必要向阿米巴领导人传达我们这里所讲述的利润的真正含义，让他们理解每个单独的阿米巴最终都要为了公司的整体利益而努力。

• 发挥阿米巴经营的力量

我们经常看到许多公司由于决策层的经营方针和管理制度不吻合，导致员工不清楚公司的发展方向。最典型的就是决策层虽然重视长期发展，但在进行业绩评估时却过于强调各部门的眼前利润，不进行足够的投资。

通过上文我们已经知道，单位时间核算的架构设计以及运用可以充分挖掘出阿米巴经营的实力。这是因为单位时间核算和阿米巴经营有着共同的理念，即何谓正确。稻盛先生自创业以来持续探索追求“如何让经营变得简单”、“如何带动全体员工的积极性”，最终创造出了阿米巴经营模式和单位时间核算制度。

二、单位时间核算的诞生

- **让员工了解经营内容**

那么单位时间核算是怎样诞生的呢？

1959 年京瓷成立初期，主要制造电视显像管零部件。作为一个规模极小的零部件生产商，根本没有资格讨价还价，要想赚取利润，只有尽可能地消除浪费。

由于资金短缺，京瓷买不起更多设备，所以只有想方设法利用现有的设备提高生产能力。于是稻盛先生想到了不依靠设备，而是充分挖掘人的潜力这一办法，比如根据工作量大小实行两班制或三班制。但是，一味的强求无法令员工信服，于是稻盛先生决定把经营内容展示给员工，让他们了解企业的现状，告诉他们“这是你们现在的成绩，凭这个成绩，大家将没有饭吃，所以要加倍努力”。

当时大部分企业的经营者都认为“企业的重要信息如果外漏将对公司不利，因此公司的经营状况只让经营者知道就可以了，没有必要让员工知晓”。但是京瓷却认为“话是如此，但让员工了解经营状况比不了解好，这样才能激发员工的干劲儿和责任心”。

● 重视订单

如何让员工了解企业现状呢？这就需要有一个所有人都能理解的方式。

京瓷以前只是一个按照客户订单进行生产的零部件生产商，因此特别重视从客户那里争取订单。为了提高销售能力，必须以销售为主导，并根据需要组成团队来支持销售。也就是说必须接受客户提出的价格，然后争取在生产过程中挤出利润。

为此，首先要把订单金额、单价、订单数量等信息传达给所有员工，接下来要告诉他们与之密切相关的生产金额和生产计划。这种传达不是简单的“你生产了什么产品”，而是积极主动地用金额来告诉他们“生产了价值多少钱的产品”。

• 通过单位时间核算进行公平竞争

公司规模扩大后，有了多个生产基地，有的工厂专门生产陶瓷，有的工厂专门负责在陶瓷上安装金属配件。渐渐地工厂之间产生了竞争。最初，京瓷使用单位时间产值（用各部门的产值除以总时间）来评估各个阿米巴。但专门生产陶瓷的工厂提出这种评估不公平，自己使用廉价的原材料生产陶瓷，而在安装金属配件的工厂，由于金属配件本身价格昂贵，不需特别的努力就可以轻易获得高产值，单位时间产值自然也很高。

鉴于此，京瓷决定改用单位时间核算，即从产值中扣除所有的费用，然后除以总时间作为新的评估标准。这样阿米巴之间就可以不受产品或者规模的影响进行公平竞争了。

• 把单位时间核算引入销售部门和间接部门

由于当初京瓷最首要的任务是增强制造部门的能力，因此只在制造部门推行了单位时间核算制度。后来随着制造部门的扩大，销售部门也随之扩大。于是 1970 年前后，京瓷又先后在销售部门和管理部门也引进了单位时间核算制度。由于管理部门没有产值，就把它作为一个非营利性阿米巴只跟踪考察其费用和劳动时间。

• 基本思路永远不变

随着公司规模的扩大以及事业多元化的发展，京瓷对单位时间核算表的结构进行了各种修改，比如曾一度使用分数来代替金额表示单位时间核算。而且目前再次启用单位时间产值作为衡量生产能力的指标（非成果指标）。几年前，京瓷开始把含劳务费在内的月度结算报表发给科长以上的管理人员，旨在引导他们不要只考虑单位时间核算，还要考虑最终收益。

今后，京瓷肯定还会继续探索更好的方式，继续加以改善。但“探索何谓正确”这一基本思路是永远不变的。或许应该说，在这个瞬息万变的时代，单位时间核算只是实现这一思路的手段之一。我们不能把认识只停留在单位时间核算的计算方法上，还要了解其背后的基本思路。

三、制造部门的单位时间核算

• 单位时间核算的计算方法

接下来让我们来看一下单位时间核算的计算公式。首先看一下制造部门，其计算公式如下：

总出货=对外出货+内部销售

生产总值=总出货-内部采购

结算销售额=生产总值-费用

单位时间=结算销售额÷总时间

让我们以假设一个阿米巴某月份的生产活动依次解释一下。假设这个阿米巴从上游阿米巴采购烧结好的陶瓷半成品，在本部门安装上金属配件后再卖给下游阿米巴。再假设这个阿米巴同时把自己的产品卖给外部其他公司。让我们参照制造部门的核算表（表4-1）来看一下。

表4-1　制造部门核算表

总出货　（千日元）	A=B+C	26 800
对外出货　（千日元）	B	6 300
内部销售　（千日元）	C	20 500
内部采购　（千日元）	D	2 200
生产总值　（千日元）	E=A-D	24 600
费用合计　（千日元）	F=（a）+（b）+…+（q）	12 000
原材料费	(a)	500
金属配件・商品采购费	(b)	10 000
外包加工费	(c)	200
修理费	(d)	100
电费	(e)	100
……	…	…
利息折旧费	(m)	300
部门内公共费	(n)	100

续表

工厂经费	(o)	200
内部技术费	(p)	100
销售·总公司经费	(q)	300
结算销售额 （千日元）	G=E-F	12 600
总时间 (h)	H= (x) + (y) + (z)	2 000
正常工作时间	(x)	1 800
加班时间	(y)	100
部门内公共时间	(z)	100
当月单位时间核算 (日元/h)	I=G÷H	6 300
单位时间产值 (日元/h)	J=E÷H	12 300

● 总出货的计算方法

首先，总出货 A 对于制造部门阿米巴来讲，相当于销售额，它包括对外出货 B 和内部销售 C。对外出货是指安装完金属配件后卖给外部其他公司，内部销售是指卖给内部其他阿米巴。

该阿米巴当月对外出货是630 万日元，内部销售是 2 050 万日元，因此其总出货是 2 680 万日元。

● 生产总值的计算方法

总出货中包含了从其他阿米巴采购的产品金额。为了得出自己阿米巴当月的纯生产金额即生产总值 E，就必须从总出货

A 中扣除内部采购 D。

在此表中表现为从总出货 2 680 万日元中减去为采购烧结完毕的陶瓷半成品而支付给上游阿米巴的220 万日元，得出生产总值是 2 460 万日元。

- **结算销售额的计算方法**

从生产总值 E 中扣除该阿米巴花费的费用 F，可以得出该阿米巴的结算销售额 G，结算销售额 G 类似我们通常所说的附加价值。

该阿米巴当月的结算销售额是：生产总值 2 460 万日元－费用合计 1 200 万日元＝ 1 260 万日元。

- **费用范畴**

在这里我们要注意一下“费用”这个词。一般的会计核算把成本分为三个项目：材料费、劳务费及其他各项费用。但这里所说的费用并不是成本核算中的“其他各项费用”，而是阿米巴在一定期间内所花费的所有费用，即所有的花销。

如果该阿米巴使用了原材料，那就要记入原材料费（a），如果安装的金属配件是从别处采购的那就要记入金属配件费（b）。除此之外，还有外包加工费（c）、利息折旧费（m）、修理费（d）等等，只要和生产有关的费用统统都算在该费用项目里。

另外，所属事业部内公共费用（n）、工厂整体承担的费用（o）、支付给科研部门的内部技术使用费（p）、总公司经费或支付给销售部门的佣金（q）也要根据受益程度大小分摊给该阿米巴，记入费用。该费用项目中唯一不包含的只有劳务费，有关这一点，后文中将加以详细说明。

这里还有一点需要注意，即制造成本、销售经费以及一般管理费也被一并列入该费用。因为对于现场员工来讲，把这些费用单独分出来意义不大，因此就没有必要拘泥于一般的会计常识刻意将其分离出来。由此可以看出，核算表的设计非常合理，避免了一些可有可无的事情带来的干扰，非常有利于员工抓住工作重点。

- **单位时间核算的计算方法**

单位时间核算是用结算销售额 G 除以总时间（该阿米巴所付出的所有劳动时间）计算出来的。如果该阿米巴有 10 位成员，那么总时间 H 就是这 10 位成员的正常工作时间（x）和加班时间（y）以及该阿米巴所应分摊的事业部内公共部门工作人员的劳动时间（z）的总和。如果曾接受其他阿米巴的支援，那么该部分支援时间也要计算在内。

在表 4－1 中，结算销售额 1 260 万日元除以总时间 2 000

小时得出的单位时间核算数值是 6 300 日元/小时。

有的核算表中会加入单位时间产值 J 作为衡量生产能力的指标，它等于生产总值 E 除以总时间 H。

四、销售部门的单位时间核算

- **单位时间核算的计算方法**

接下来让我们看一下销售部门的单位时间核算。在前一章我们提到，销售分订货型生产方式（充当制造部门和客户之间的中介）和备货型生产方式（从制造部门购买产品，自负盈亏）两种。相比较之下，前者更接近阿米巴经营的基本思想，即企业利润来源于制造部门，而且也是大多数阿米巴采用的方式，因此接下来我们只讨论订货型生产方式。

总收益=销售额×佣金率

结算收益=总收益−费用

单位时间核算=结算收益÷总时间

在这里，同样以假设的一个阿米巴某月份的销售活动进行说明。让我们同时参照销售部门的核算表（表4－2）看一下。

表 4-2　销售部门核算表

销售额	（千日元）	A	105 000
总收益	（千日元）	B＝A×佣金率	10 500
费用合计	（千日元）	C＝（a）＋（b）＋…＋（q）	3 400
电话通信费		（a）	400
差旅费		（b）	300
销售手续费		（c）	600
促销费		（d）	100
广告宣传费		（e）	200
招待费		…	…
……		…	…
租赁费		（p）	300
总公司经费		（q）	300
结算收益	（千日元）	D＝B－C	7 100
总时间	（h）	E＝（x）＋（y）＋（z）	1 000
正常工作时间		（x）	800
加班时间		（y）	100
部门内公共时间		（z）	100
当月单位时间核算	（日元/h）	F＝D÷E	7 100
累计单位时间核算	（日元/h）	G	5 200
人均销售额	（千日元/h）	H＝A÷I	21 000
人员	（人）	I	5
订单总额	（千日元）	J	234 500

• 总收益的计算方法

一般企业会把销售价和制造成本的差额，即毛利看作衡量销售部门的成果指标，但在京瓷的订货型生产方式下，这部分利润责任属于制造部门。销售部门的收入只不过是佣金收入，单位时间核算表的计算也反映了这一点。

销售部门的总收益 B 是销售额 A 乘上佣金率得出来的。实际上，产品或者销售方法不同，佣金率也不同，但在这里为了方便起见，统一设定为 10%。所以，当月销售额 1.05 亿日元的 10%，即 1 050 万日元就是总收益。

• 结算收益的计算方法

结算收益 D 的计算方法和制造部门的计算方法相同，都是用总收益 B 减去劳务费以外的所有费用 C。费用如表中所示，包含与销售活动相关的所有费用。

从总收益 1 050 万日元中扣除 340 万日元的费用，得出当月的结算收益是 710 万日元。

• 单位时间核算的计算方法

单位时间核算的计算方法也和制造部门相同，都是用结算收益 D 除以销售部门花费的总时间 E。

当月总时间是 1 000 小时，所以结算收益 710 万日元除以

1 000 得出单位时间核算是 7 100 日元/小时。

另外，在销售部门，有时还会使用累计单位时间核算 G、人均销售额 H、订单总额 J 等作为参考指标。

五、单位时间核算的架构

● 只需追踪物品和票据的动向

以上是制造部门和销售部门单位时间核算的大致计算方法。接下来，再补充几个要点。

单位时间核算力求做到使没有任何专业财务知识的领导人都能够亲自计算。阿米巴领导人不承担资产负债表的责任，他们通过单位时间核算表看到的只是相当于损益计算表的部分。简单地说，类似家庭收支簿。

这是一种计算上没有任何晦涩的会计原则。只要如实记录自己阿米巴内的物、钱的动向即可。而支撑这一简单机制的要素之一正是物和票据的一一对应原则。

在阿米巴经营模式下，必须保证物品和票据一一对应，同时移动。这两样东西从一个阿米巴过渡到另一阿米巴时，即意味着交易完成。

● 出货即视为完成销售

在制造部门阿米巴，产品或半成品一旦加工完毕进入出货仓库，即使还没交付给客户，也算作完成销售，计算其销售额。总之，只要在指定期限前把货物和传票一起送到出货仓库就可以了。尽管对外尚未完成销售，但制造部门阿米巴无需顾及产品库存。出货方面的事务性工作，由物流部门或销售部门负责。

阿米巴之间的交易同样如此。假如阿米巴 A 把 100 个陶瓷半成品和相关票据交付给了阿米巴 B，就要在阿米巴 A 的内部销售、在阿米巴 B 的内部采购中加上这 100 个半成品的金额。这种方法等同于现金结算，直观易懂。

● 没有库存盘点记账处理

实际上，在单位时间核算中没有库存盘点这一账目。让我们来看一下这和一般的会计手续有何不同。

一般企业里，费用的记账标准不是货品买了没有，而是使用了没有。还是上述阿米巴 A 和阿米巴 B 的例子，如果换作一般的记账方式，首先卖方阿米巴卖掉 100 个陶瓷半成品，到这里是完全一样的。接下来看一下买方阿米巴，重点不是买了多少个，而是实际使用了多少个。

如果当月把这 100 个全部用掉了，那么计算是不变的。但如果只用了其中的 70 个，那么只有这 70 个的金额才能记入当月费用。剩下的 30 个要作为库存商品处理。

这种做法在把握当月费用方面是正确的，但对于没有这方面专业知识的员工来讲，根据物品的流动，将这 100 个全部算作费用或销售额反而更容易理解。

• 购入即视为费用发生

在京瓷，原材料或者辅助材料等物品的采购，原则上都按照上述原则进行处理。也就是说，不设库存盘点项目，一旦购入，即视为费用发生，也就是现金本位原则。无论阿米巴之间的交易还是同外部其他公司的交易都按照该原则处理。

假设从外部其他公司一下子购入了三个月用量的陶瓷金属配件。如果按照一般的会计处理原则，只有用掉的才能算作费用，剩余部分记作库存。但按照京瓷方式，要全部算作当月费用。在核算表里金属配件一栏中，显示的是这三个月用量的总金额。

• 没有自制半成品一项

同样，在京瓷，每月并不清点自制半成品。根据一般的会计制度，如果有当月已经开始生产但尚未制造完成的中间产品，其消耗的原材料费或者加工费不能记入当月费用，要记入库存。

但在单位时间核算制度下，并不会对自制半成品特殊看待，要一视同仁地根据购入即等于费用发生的原则统计费用，和制造是否完成无关。

- **靠双眼进行库存管理**

这种做法有几个目的。

第一，在前文中已经提到过，可以让现场的领导人更加直观地理解交易。无论是买还是卖，都无需刻意考虑库存盘点，只要根据眼前发生的物品流动和与其对应的以现金本位为基础的核算表就可以进行经营。

第二，可以简化各种事务性手续。公司内部 1 200 多个阿米巴源源不断地从外部采购各种物品，在公司内部进行交易。如果把发生的每笔交易都一一分成费用和库存分别记账会很繁琐，而全部记入费用可以省掉这些麻烦。

当然这并不等于说不进行库存管理，而是把库存由会计部门根据资产负债表进行控制改为由现场领导人靠双眼进行管理。反过来说，在阿米巴经营模式下，靠资产负债表管理物品流动，会过于复杂而导致管理跟不上。如果不采取用双眼来看的做法，很难如实地再现各个阿米巴之间的交易。

第三，可以防止过量采购。

阿米巴领导人要努力提高单位时间核算。如果采购过量，必然会导致费用突涨，核算下跌，所以每月都是按需采购。

当然，如果大量采购有一定折扣，也可以多买一些，只要控制好下个月的费用就可以了。但通常到了下个月，领导人往往会把上个月核算下跌的事情忘得一干二净，不知不觉造成浪费。因此，在京瓷一直坚持“买一升原则”，即只买现在所需要的量。

另外，“买一升原则”可以节约库存成本、管理成本及库存利息。同时还有利于改善各阿米巴的单位时间核算。

而且，像半导体零部件或者 PHS 这些变动剧烈的产品，一个月后设计式样发生变化是常有的事。过量采购的材料因此一下子变成滞销库存，会造成很大的损失。坚持“买一升原则”，可以避免此类风险。

在一般的会计制度下，未使用的物品不记入费用，只作为库存处理。因此月度核算不会突然大幅下滑，只是库存增加了，这会大大减弱领导人对库存变动的敏感度。现场员工很难感受到损失，往往就会放松管理。而且他们会认为，即使不立刻采取措施也不会对经营造成任何影响，长此以往，就耽搁了库存处理，等到发觉时，滞销产品已经堆积如山了。

- **费用和劳动时间的分摊问题**

接下来是有关费用和劳动时间的分摊。

在单位时间核算的计算方法中已经提到过，公共部门或者间接部门的费用要根据受益程度大小分摊给各阿米巴。如果使用了其他阿米巴采购的部件，此部分费用也要转到使用部门。

很多企业在事业部、部、科层面实施这种费用分摊，但在京瓷，是在仅几人的班组之间进行的。由于阿米巴数量众多，因此处理此类分摊需要大量的事务性工作，但如果取消，就很难正确把握阿米巴的核算。既然把经营权和核算责任下放给了员工，就要让他们了解各项费用的去向及具体金额。

国分工厂会计科负责人田熊道由先生说过："单位时间核算并不仅仅是用来向上级汇报的工具，也是基层员工用来认识自己部门活动的依据。需要许多细致的事务性工作，这也很正常。"在一般的公司看来，似乎有些多余，但在阿米巴经营模式下，却是现场员工进行经营必不可少的。

劳动时间也同样，公共部门或者间接部门的劳动时间要由受益的阿米巴分摊。时间的分摊对管理部门来讲也是一项非常繁琐的工作。但出于和费用分摊同样的理由，所有部门都要认真执行。

除了准确计算核算以外，此类分摊还有一个目的，即牵制间接部门的费用及劳动时间。由于把费用和时间分摊给了各下属阿米巴，如果分摊费用或时间大幅度增加，制造部门或销售部门的阿米巴必然会向间接部门提出强烈抗议。这种体制可以使间接部门时刻处于监督之下。

重要的是，像库存资产等对阿米巴经营来讲可有可无的项目一定要学会简化，而对于公共部门或者间接部门的费用等必须考察的项目，无论多么麻烦，都要进行统计。特别是决策层或设计这些管理制度的人，一定要搞清楚焦点和核心。

- **劳务费不记入费用**

最后看一下劳务费的处理。单位时间核算表的费用中不包含劳务费。取而代之的是统计总的劳动时间，来作为计算单位时间核算的分母。

费用中不含劳务费，这在一般的成本计算里属于特例。但这样做有它的理由，因为用金额来表示劳务费反而不利于阿米巴的经营。因为员工工资有差别，如果阿米巴领导人掌握了每位员工的工资信息，很容易导致工资高的人被赶走。此外，也有可能因为顾虑到这一点而无法果断地处理人事问题。

如此必然会阻碍人员流动，进而失去阿米巴经营应有的灵活性。同样的时间标准足够用来考察员工的生产能力，单位时间核算注重的是如何让员工付出最大的努力，这和工资高低无关。我们不能让经营活动跟着计算方法走，而是要让计算方法成为促进公司经营的工具。

- **员工不是成本**

单位时间核算表示的是阿米巴成员每小时创造的附加价值。换个角度想，就是把劳动力看作利润源泉，而非单纯的成本。人毕竟和机器设备不同，不能算成费用。有关这一点，会计部部长石田秀树说："我个人非常赞成不把自己的工作当成费用来算，不断创造附加价值并以此维持生计是个很不错的想法。"

- **必须保证单位时间核算高于平均工资**

以上想法体现了对员工的尊重。但另一方面，员工也必须更加努力地工作。为了维持生计，各阿米巴至少要保证单位时间核算高于每小时的平均工资。

这个平均工资并不是员工个人或单个阿米巴的平均工资，而是所有员工的平均工资。和前文中提到的理由相同，没有必要考察每位员工个人的工资。所有员工的工资平均值才是衡量公司能否维持下去的基准。

假设每小时平均工资是 2 500 日元，而某阿米巴的单位时间核算只有 1 500 日元，那领导人必然会受到追究："这个核算值就跟你们每工作一小时就送给客户 1 000 日元是一个道理，你们到底都在干什么？”

既然提倡独立核算，就必须保证核算要高于单位时间平均工资。1995 年，京瓷曾发起“争取达成并超越年度预算中的预定单位时间核算”的活动。如果阿米巴提交的单位时间预算低于平均工资，就连参加这个活动的资格都没有。要在公司这一命运共同体之中生存下去，必须争取成为养活他人的一方，而不是靠他人养活的一方。

● 充分理解基本原则

本章中谈到的单位时间核算规则只涉及了最基本的原则部分。而即使在京瓷，也有许多部门由于某些特殊的原因，采取了与之不同的做法。另外，许多引进阿米巴经营模式的其他公司，也都根据各自的工作性质对该方法作了相应的调整。

最重要的是要充分理解基本原则。只要掌握了基本原则的初衷，就可以根据具体情况进行变通。反之，如果在没有充分理解基本原则的前提下毫无根据地修改，就有可能出现问题，甚至导致阿米巴经营彻底崩溃。关于这一点，请参考第七章中介绍的 DISCO Corporation 引进阿米巴经营模式的事例。

另外，为了便于读者理解，本章中使用的核算表是京瓷实际使用的核算表的简化版。好的核算表一定要让主要指标一目了然。

京瓷有一位员工说："核算表是触动心灵的工具。"在设计核算表时，最重要的是能否振奋人心，是否便于基层领导人使用，是否能够根据公司实际情况将其设计成所有人都能看懂经营的形式。

六、单位时间核算的运用

● 提高单位时间核算的三种方法

提高单位时间核算的方法非常简单。看一下单位时间核算的计算公式就可以得知，无非就是增加生产、降低费用或缩短时间。

单位时间核算=（生产总值-费用）÷总时间

要增加生产，就得多接订单；要降低费用，就需减少浪费；要缩短工作时间，就提高工作效率。方法很简单，要点也很清楚，谁都能理解并且都知道该怎么做。

如果经济不景气，无法增加订单，就只有把重点放在降低费用和缩短时间上。参考费用明细，检查是否买了多余的物品，考虑是否可以改变工作流程提高效率。阿米巴所有成员只要稍微动动脑筋，想想自己能做些什么就可以了。

● 绝对不可以降低生产效率

运用单位时间核算时，一定要铭记无论发生什么事情都不能降低生产效率。

石油危机爆发时，京瓷也未能幸免，订单减少了一半。当时稻盛先生曾说："提高生产效率需要投入一万分的努力。但是，不能因为现在有了多余的人手就把原本五个人干的工作交给十个人去干。五个人的工作只需要五个人。否则辛辛苦苦提高的生产效率就会功亏一篑，又要从零开始重新努力。"

当时京瓷采取的措施是把多余的人员抽调出来，让他们去制作花坛，打扫工厂四周的水沟，组织大家开学习会。同时让留在现场的员工保持原有的工作效率，争取不让单位时间核算出现回落。渐渐地，员工开始意识到"只有自己的部门稳健经营，大家才有饭吃"。

● 以每个单月都盈利为目标

另外，持之以恒地把单个月盈利作为目标也很重要。KCCS 的森田直行社长在从事阿米巴经营咨询业务时，指导大家说："有些行业会有季节性变动，但无论如何请务必保证每个单月都盈利"，"每个单月都盈利就意味着即使在受季节变动影响最大的淡季也能盈利，那么旺季就能赚得钵满盆盈。"

曾经有一位公司的社长说："我们上半年亏损也没关系，

反正早晚下半年会盈利的。”森田社长问他：“那社长您就不担心吗?”社长答道：“当然担心了，一想到今年有可能不如去年，我就坐立不安。”于是森田社长告诉他：“既然这么担心，那就争取消除上半年的赤字，扭亏为盈吧。”

在运用单位时间核算时，让亏损部门充分意识到自己部门发生了亏损很重要。在这一点上一定不能妥协，要在所有员工当中培养一种不实现盈利绝不罢休的强烈意志。

七、单位时间核算的特色

- **简单易懂**

前文中我们谈了单位时间核算的具体架构。最后，让我们看一下单位时间核算的特色。

在本章开头部分已经提到过，根据家庭收支簿管理家庭开支，这种程度的数字计算，几乎所有人都会。京瓷正是让阿米巴领导人通过有效利用这种能力来经营各自的阿米巴。为此，必须保证不擅长数字的人也能看懂核算表上写了些什么。而且，要能保证他们会计算，并能据此判断出产品是否能盈利。单位时间核算的设计满足了以上的所有条件。

核算表就像家庭收支簿或零钱管理账本一样，进来的钱和出去的钱一目了然。虽然格式简单，但却囊括了阿米巴经营所需的所有项目。比如制造部门阿米巴的核算表，除劳务费外，不仅包含了材料费、模具费、修理费、电费、天然气费，还包含了利息、折旧费、销售经费、总公司经费等所有费用。

另一方面，核算表的设计还避免了一些可有可无的事情牵扯领导人的精力。比如，对生产影响不大的通信费、差旅费等一概划作杂费。另外，不对制造成本和销售经费及一般管理费进行区分也是出于此目的。

一旦习惯了这种计算，就会觉得损益计算表等会计表格繁琐难懂。很多员工说："在京瓷，从上到下所有员工靠的都是单位时间核算表。"

京瓷 1982 年收购了通信器材生产商计算机网络工业，1983 年又收购了照相机制造商雅西卡。这两家企业在被收购后立即引进了阿米巴经营模式。最初，大家对陌生的单位时间核算抵触很大。但京瓷并未妥协，坚持采用相同的核算表格式。现在这两个部门都创造出了骄人的业绩，相信当时有过抵触情绪的员工现在肯定也已经觉得离不开核算表了。

● 坚持用金额表示

凡是使用单位时间核算表的活动，其目标和结果都是用金额来表示。所有票据，除了数量以外，还标有金额。员工知道的不仅仅是"买了几个"、"生产了几个"，还有"花了多少钱”、“赚了多少钱”。

而且，通过用金额来表示，员工自然会理解哪怕一个螺丝都是钱的道理。半导体零部件事业部叠层管理科的福留敏宪先生带我们参观工厂时说：“这里的每位员工连利息都知道得一清二楚。闲置一台机器等于支付多少利息大家都很明白，所以很少会让机器停下来。”

钱是最简单明了，也是使人印象最深刻的东西。通过用金额来表示的核算表，领导人很容易感知自己部门为全公司作出的贡献，也会切实感受到自己正经营着一个阿米巴。

● 基于准确的数字展开竞争

使用单位时间核算，可以不受工作内容的影响对所有阿米巴进行比较公正的评价。而且不会出现阿米巴因为人数少而处于不利地位的现象。200 小时内创造了 200 万日元利润的阿米巴和 1 000 小时内创造了 1 000 万日元利润的阿米巴的单位时间核算是完全一样的。

当然，阿米巴的成绩不能仅凭数字来判断。还需要考察具体的经营内容，看看阿米巴是否在各自所处的环境下尽了最大的努力。

不过，精确的数字统计仍然是展开竞争的前提。数字要公布给所有成员，这样可以唤醒员工不想输给其他阿米巴的欲望。这具有很重要的意义。而且，阿米巴之间也会像参加游戏比赛一样，为实现更多的盈利展开竞争。

● **及时统计出核算**

在阿米巴经营模式下，各阿米巴当天的实绩在第二天就要统计出来反馈给现场。

现场员工希望能马上看到自己的工作成果。再没有比见到自己提出的改善意见反映在第二天的数字上更令人高兴的事情了。“改善后效果果然和预料的一样”、“为什么没什么效果呢”和“下次再试试别的办法”等想法也会如雨后春笋般涌现出来。

但其实在大多数公司，实绩都是每个月统计一次，而且直到下个月的月中或月末，才会在一些比较重要的会议上反馈给员工。这好比凭借过去的记忆对很久以前犯下的罪行进行审判。而如果可能，没有人愿意再去回顾过去的数字。

对于已经习惯了此种做法的决策层或管理层来说，及时统计核算显得很不可思议。因为他们潜意识里已经认定“月度结算就应该是这样的”，对于是否有必要每天统计，他们连想都不会想。他们真的认真听取了现场的意见了吗？他们是否想过，每天把数据反馈给员工会令员工的工作热情发生多大的变化？京瓷的经验告诉我们，当员工习惯了察看每天的业绩数据后，停止数据的反馈反而会打击他们的积极性。

而且，决策层应该比任何人都想早点知道经营结果。企业经营和开车驾船是一个道理，都是越早察觉危机就能越快地采取措施。

前文中多次提到过，单位时间核算是产生于现场的会计体系。它并不是原封不动沿用会计专家们提倡的所谓常识，而是为实现“把握每一天的数字”这一强烈愿望而诞生的卓越的会计体系。

- **加速经营节奏**

京瓷的经营循环比一般企业大致快了一拍。下一章我们会详细说明一下阿米巴经营循环，其速度令人瞠目结舌。

比如其他公司在检讨每个月预算和实绩的差异时思考的问题，即对日常业务的反省和对新对策的摸索，京瓷在每天的反馈中就已经完成了。其他公司在年度、半年、季度利润计划或预算中要涉及的问题，即详细的计划制订，京瓷则每个月都在进行。而其他公司三五年的中期发展规划中确定的发展方向或展望，京瓷都编制在了年度计划里。

两者背后是信息反馈速度上的巨大差距。而这种差距长年累月将造成企业行动和成果上的巨大差距。

• 数据是逐步汇总起来的

单位时间核算卓越的地方不仅仅是速度，还有精确度。

速度和精确度看似矛盾，其实不然。一次统计一个月的数字很麻烦，但一次只统计一天的数字很简单，而且可以保证数字的精确度。只要设定一套次日就可以计算出当日业绩的体系，剩下的就是把每天的数字一步步加上去。这样就可以迅速准确地反馈信息。

而且，把每天的数字反馈给现场，有利于员工及时发现错误。但如果是一个月的数字，跨越时间过长，就很难做到这点。

• 单位时间核算数据和结算数据密切相连

把各个阿米巴统计的数据简单相加就可以得出全公司的单位时间核算。实际上，京瓷月度结算数据和单位时间核算数据几乎完全一致。简单地说，就是从单位时间核算表的利润中扣掉劳务费。单位时间核算并不是虚构出来的数据，而是和结算密切相连的。

反之，如果单位时间核算是和结算完全不相干的代替品，就很容易引起混乱。管理层看到单位时间核算和月度结算这两套截然不同的数据，必然会产生疑惑。如果还要追查“哪一套正确”，找出不同，那就失去了其作为经营判断依据的资格。

- **通过数据让每个角落都变得玻璃般透明**

由于单位时间核算是各项数据的精确汇总，因此从单位时间核算表的数字中可以清楚地看到每个经营细节。数据可以按照部门、职能或工厂自由分拆，另外，基层的动态也可以借助各项数据一步步传递到决策部门。

我们经常听到某些经营者感叹："公司刚成立只有几个人的时候，公司内部发生了什么我一清二楚，但随着规模的扩大就越来越弄不清了。"公司最高领导人无法掌握公司动态是一个很严峻的问题。不能因为这是个普遍存在的问题就听之任之，要想方设法解决这个问题。

会计经常被揶揄成记分牌。棒球记分牌上能显示选手的输赢却不告诉选手该怎么办。因此选手不能紧盯着记分牌，而要把精力集中在比赛上。同样的道理，会计数字只不过是个结果，更重要的是现场的改善活动。众所周知，战后日本企业采取的正是现场中心主义，这和欧美企业奉行的会计优先主义的管理方式形成了鲜明的对比。

但是单位时间核算表不同，与其说它是记分牌，不如说是飞机上的各类仪表盘。稻盛先生说："经营者就好比驾驶员。驾驶员必须参考仪表盘上显示的数据操纵飞机。单位时间核算凭借数据的层层累计保证各项数据如仪表盘般精确。这些数据可以让企业经营变得玻璃般透明。决策层根据这些数据及时把握公司内外的各类信息，才能作出正确的决断。”

这并不是在否定现场中心主义，京瓷也非常重视现场。如果能把单位时间核算这一强大的武器植入现场，一定能够让经营变得更有深度，让经营者更有自信。

- **把数字交给现场去管理**

许多公司在月度结算时，都是由财会部门或管理层对照当月计划和上月实绩来分析当月利润，并使用一些复杂的办法追查差异原因。

但财会部门或管理层的分析有一定的局限性。因为他们并不了解现场，所以经常出现许多现象无法解释的情况。而且从现场角度来讲，自己的工作成果被管理层拿去分析，再丢回一句“原因出在这里”，反而会打击他们的工作积极性。

而在单位时间核算制度下，无论是预算还是实绩，各阿米巴的所有成员都握有每一天的数据信息。这些数据都是员工自己的工作记录，都能找到相应的说明，不会出现“黑匣子”现象。而且，在阿米巴经营模式下，负责数据汇总的是现场员工。信任他们，交给他们去管理，可以让他们真正信服这些数据，并对自己的工作结果承担起更加强烈的责任。

● 现场员工知道成本

阿米巴经营的另一个重要特色是现场员工知道产品的成本。经营上的所有数据都是阿米巴领导人亲自计算的。

实际上，在京瓷，每天工作结束之后，领导人不必等电脑算出结果，就已经掌握了当天的数据。把当天的数据加到之前的累计数上，就能算出一个大约数。根据该数据，可以知道预算大约完成了多少，到月底能够完成多少。京瓷并不采用其他公司使用的产品成本核算方式，通过单位时间核算足以掌握产品成本。

● 把数据渗透到员工意识中

对于各项数据，如果只停留在知道的水平上，而不把它渗透到每位员工的意识当中是没有意义的。在京瓷，包括晨会在内的所有日常活动中，到处都充斥着数据。就连临时工都知道当月的预算金额和截至当天的实绩。借助数据，员工们可以进行更加具体的沟通，也可以将模棱两可的指示转化成明确的目标。不断重复单位时间核算的各项数据，有助于所有员工明确工作目标和努力方向。

● 把时间渗透到日常经营中

单位时间核算是以一小时为单位。如果能让员工充分认识到这一点，员工就会自发产生一种“一小时”意识，主动采取各种措施寻找最合理的时间安排。比如，员工会认真考虑如何在更短的时间内完成同样的工作，避免不必要的加班影响单位时间核算等等。

当今，企业经营速度之快与过去不可同日而语。时间就是制胜的关键。如果连现场的员工都能意识到速度的重要性，那么公司整体运作必然会更有效率。反之，没有时间意识的经营是非常危险的。业务人员在茶馆喝一小时茶的功夫，市场可能已经被竞争对手抢走了。通过单位时间核算，可以把时间观念渗透到日常经营中。

第五章

阿米巴经营的具体运行

一、阿米巴经营循环

● PDCA 循环

本章是有关京瓷阿米巴经营模式的具体实践情况的。其基本原理就是 PDCA 循环（Plan→Do→Check→Action）。该循环除了借助的是单位时间核算表以外，其他方面和一般的 PDCA 循环没有很大区别。

● 认真实施 PDCA 循环

但这种循环仍然很值得关注。循环的每一个步骤并非流于形式，而是有效进行的。而且，其实施目的也已深深根植到所有员工的意识中。

京瓷认为，“商业无非是周而复始地不断重复一些单纯、理所当然的事情”，基于这个道理，各阿米巴都周而复始、认认真真地实施 PDCA 循环。

本章的重点不是讲述阿米巴组织或者单位时间核算表有多么与众不同。而是京瓷同其他企业一样也在推行 PDCA 循环。但通过京瓷的 PDCA 循环，我们可以看到在其背后，在对待日常工作方面，京瓷的理念及做法与其他企业截然不同。希望通过本章的介绍可以让广大读者了解，如何才能给企业管理注入活力。我们相信，即使不引进阿米巴经营，本章里阐述的京瓷的一些想法也一定会让广大读者受益匪浅。

二、阿米巴会议

• 会议的基本宗旨不变

各阿米巴每月初召开会议。领导人在会议上参照上月计划分析上月实绩，制定当月计划。全公司、事业本部、事业部、部、科等每个阶层都要召开此类会议。阶层不同，参加人员及会议内容也不同。

会议的流程安排由上级部门负责人从最利于经营的角度出发决定。如果需要了解现场情况，可以安排科级阿米巴领导人参加事业本部会议，本部长也可以参加下级部门的会议。另外，有时也会在月中或接近月末时召开检讨生产进度的会议。

所有会议的基本宗旨相同，都是分析、反思单位时间核算的实绩，制定下月预算，探讨一些悬而未决的事情。以下是召开会议时需要留意的几点内容。

- **传递决策层的想法**

要把会议当成传递决策层想法的场所。过于强调全员参与，只知道单向汇总现场意见，很容易导致公司未来发展方向模糊不清。决策层要把自己的想法及时传达给所有员工，只有这样，才能有效利用自下而上反馈上来的各类信息。阿米巴经营虽然是一种全员参与式的经营，但其意图是通过传递决策层想法，实现自下而上和自上而下的有机结合。

精密陶瓷事业本部部长中村升常务说，“稻盛先生会安排大家围成一圈坐以便互相能看到对方的脸，然后他坐到中间，这样便于一对一地谈话。开会的时候，不仅是汇报者本人，其他所有与会人员也可以根据稻盛先生的表情学到正确解决问题的方式。

- **指导阿米巴领导人**

阿米巴经营的目的之一是培养领导人。会议上要彻底考察领导人的想法是否合乎逻辑，而不是是否合乎常识。会议不是单纯讨论个别数据的好坏，而是培养领导人经营素质的场所。

决策层通过会议确认领导人的成长，在探讨交流过程中检查领导人是否真正理解了阿米巴经营的意义。

- **领导人要提出明确目标**

会议上还要讨论如何改善部门利润。此时各阿米巴领导人要针对各自阿米巴的经营目标作出承诺，力求“有言必行”，即在大家面前公开承诺，然后实行。在会议上领导人要围绕具体的指标，阐述所要采取的具体措施。

如果领导人提出的目标不符合公司整体的发展方向，则要立即纠正。

- **畅谈梦想，进行反思**

在会议上，领导人不仅要发表数字目标，还要谈一下自己的梦想。谈梦想不是简单地说一个抽象的愿望，而是要围绕如何经营自己的阿米巴提出一个具体的理念。只有这种强烈的意识才能激发出动力，引起变革。

另外，关于结果，一定要让员工认识到结果代表了过去一个月或迄今为止自己所付出的努力。单位时间核算表上的数据反映了阿米巴经营的所有细节。因此，必须引导领导人坦然接受、积极反思，而不是找借口排斥。

● 彻底讨论直至所有人信服

由上可见，会议既是决策层传达思想的场所，同时也是决策层指导领导人的场所。如果仅仅是制定当月计划，检查一下经营结果，那只能说会议完成了一半。

稻盛先生会坚持不懈地和领导人反复沟通，直到对方逻辑清晰。不管什么问题，一定要等到领导人本人认为自己确实能够做到为止。通过此类沟通，哪怕最初面露难色的员工最后也会展露笑容、放下心来。

当然会议很花费时间。阿米巴是个独立的经营体，会议开还是不开，怎么开，完全由领导人自行决定。但是，比起因为心疼时间而草草结束会议的部门，那些哪怕花一整天也要充分讨论直到所有人信服的部门的业绩往往好很多。这样的部门看似浪费了时间，但却通过会议有了更大的收获。

三、制订年度计划

● 通过年度计划描述梦想

京瓷阿米巴经营的周期以月度为单位，而月度计划的基础是被称作“Master Plan”的年度计划。

月度计划中要说明当月的确切打算，但年度计划要求领导人阐述“在这一年里如何经营自己的阿米巴”。也可以说年度计划是一个梦想，月度计划给这个梦想涂上了颜色。在讨论年度计划时，除了单位时间核算以外，还要分析设备、人员等因素。

随着公司规模的扩大，仅凭年度计划已经很难推断该采取何种措施经营了。于是从几年前开始，京瓷又引进了中期规划。中期规划的目的在于让领导人根据技术或市场动向制定一个更长远的目标。不过中期规划的框架或思考方式和年度计划没有很大差别，所以在本章里我们把重点放在年度计划上。

- **年度计划的制订步骤**

在京瓷，并没有因为是年度计划或者中期规划，就采取一些比较精练或者特殊的分析方法。

年度计划的制订步骤如下：每年 12 月份，京瓷都要召开一个全球京瓷集团下所有部门参加的国际经营会议。在此之前，各本部长宣布事业本部发展方针。下级各部门负责人根据这个方针提交本期的估算和下一期的计划。比如销售部门按照客户制订年度计划，然后制造部门根据销售部门的年度计划和相关部门进行磋商。最后，本部长汇总所有意见，制订事业本部的年度计划。

社长会在 12 月份的国际会议上第一次听到各事业本部的计划，但这时候只听取，不批示。根据此次会议上搜集的信息，社长会在1月份发表下一年度的经营方针。接下来，本部长根据这一方针修改事业本部计划并提交给决策层。双方针对这个计划进行详细讨论，意见取得一致后，由决策层正式批准该计划。这就是年度计划大致的制订步骤。

- **数据来源于现场，同时又体现了决策层的方针**

关键的一点是，年度计划和月度计划一样，所有数据均来源于现场。

年度计划是由科以上级别的领导人正式制订的。但在制订年度计划时，首先要以系或班为单位作出下一年的计划。虽然现场只负责制订月度计划，但如果把年度目标的制订完全交给社长或少数管理层，就很难让底下的员工把该目标当成自己的目标。

制订年度计划时要让所有的员工都参与进来，仔细审核。只有这样才能将决策层的想法渗透到公司各个角落，让制定数据的员工进一步认识到自己的责任。这个过程正是自上而下和自下而上的有机结合，是一种上下循环、交融运行的新格局。

- **年度计划必须完成**

对于年度计划，也要考察其是否能够按期完成。年度计划的前提就是必须要完成。这看似和我们所说的描述梦想有矛盾，实则不然。不追究结果的计划，制订人本身也不会认真对待。换句话说，连“描述梦想”都算不上。

当然，计划制订得再严密，也会因为客户的要求或竞争对手发生变化而出现完不成的情况。月度实绩也可能不符合年度计划的完成进度，但只要能通过每个月的 PDCA 循环填补这一差距即可。

• 让员工学会掌握公司的整体动向

年轻的领导人往往把精力都集中在月度计划的完成上。但如果只知道埋头眼前的工作，就很难开阔视野。

最初领导人往往只看到一个月的工作，制订出来的年度计划也都是些规规矩矩的细节计划。但在反复的锻炼过程中，他们会渐渐学会在掌握公司整体动向的基础上制订更加合理的计划。因此，应该多给领导人一些这样的锻炼机会，这样才能源源不断地培养出大量能和决策层站在同一角度看问题的优秀人才。

• 提交设备投资方案

如果只知道专注于阿米巴的日常经营，只懂得认认真真地管理阿米巴的具体业务，就会在市场竞争中被竞争对手拉开差距。为了阿米巴的长期发展，领导人要积极把握技术或市场动向，提交设备投资方案。

该提案要写入年度计划或中期规划。同样，设备提案不是由上级部门作出采购指示，而是由阿米巴领导人根据实际情况主动申请。因此领导人必须经常检查现有的设备是否完全符合生产需求，而且，要在日常工作中和生产技术部门保持密切联系，关注最新动向，寻找最佳投资时机。

- **通过提案审议书申请投资**

但这并不意味着阿米巴领导人可以自行作出投资决定。阿米巴和企业内部创业或内部公司不同，没有自由使用部门利润进行投资的权限。

更准确地说，这是京瓷为了避免草率购置设备而特意采取的措施。公司没有拨给阿米巴任何可以自由投资的预算，如果阿米巴有投资计划，就一定要提交提案审议书。审议书里，领导人要进行模拟计算，算出投资新设备后开始盈利的时间。而且要用单位时间核算表证明该设备确实有投资价值，而且是必需的。

投资金额会变成折旧费或设备利息，从而影响阿米巴的收益，因此不必要的或者不划算的设备，领导人本身也不会想采购。所以，哪怕有性能更好的设备，只要现在的设备还能用，领导人就会想尽一切办法加以改造，继续使用。

在技术人员说话分量重的企业，核算意识薄弱的工程师们经常会出于技术方面的兴趣不停地购买各类设备。但在阿米巴经营模式下，由于领导人必须对自己作出的决断负责，所以不会盲信工程师。

- **上司就是顾问**

关于设备投资，是否能保持平衡很重要。不需要的东西不买，但真正需要的东西一定要买，否则就会在竞争中惨败。

上司担任着顾问的角色，负责指导什么都想买的领导人重新审核自己的投资方案。反之，对于只盯着当月核算，目光相对短浅的领导人，上司要告诉他们其他公司的动态及技术发展动向，促使他们意识到投资的必要性。例如，“现有的设备确实盈利不错，但我们的实力是否完全发挥出来了呢？其他公司做的产品比我们的好得多，这会不会是设备差距造成的？我们还要维持现状吗？”

- **让员工切身体会到经营的魅力**

领导人好比一个乡镇工厂的厂长，要从经营阿米巴这一角度出发，考虑生产、销售以及设备。同样，还要考虑人员计划。

在京瓷，即使是最基层的阿米巴领导人，也从不用“工作”这个词，而是用“经营”。因为他们切身体会到了阿米巴的命运掌握在自己手中，是自己决定着阿米巴的未来发展方向。

换句话说，年度计划和中期规划使得阿米巴领导人对经营有了切身的体会。通过自主制订计划，员工进一步意识到自己担负着全公司事业规划中重要的一环。

四、制订月度计划

- **月度计划的制订步骤**

接下来是对每个月的 PDCA 循环的说明。其第一步就是制订月度计划。首先，让我们看个实例。

以下是国分工厂某事业部中生产陶瓷的某科 1995 年 11 月份计划的制订过程，其中的数字做了改动。

首先，这个科下属的四个系（两个切削系、烧结系、研削系）根据各系事先准备的方案，把“上月生产计划”、“上月生产实绩”、“上月单位时间核算”、“当月生产计划”、“当月费用计划”、“当月预计结算销售额”、“当月预计总时间”、“当月预计单位时间核算”写在白板上。

其中的实绩数字是月末经营管理科反馈给各制造阿米巴的。另外，生产计划是参照销售部门每种产品的剩余订单制定的。把四个系的数字加起来，得出当月全科的预计单位时间核算是 5 870 日元。

科长据此提出当月方针："上个月的单位时间核算是 5 950 日元，为完成年度计划，希望这个月单位时间核算能达到 6 000 日元。"并提出"大家一起来想想如何再提高 130 日元"。

分析了各项数据的明细后发现，预计加班时间增加了。科长指出："我希望各系再好好调整一下工作安排，尽量把加班时间压缩到每人六小时，如果实在不行再跟我讲。"于是，各系修改了白板上的当月预计总时间。

用这个总时间乘上 6 000 日元的预计单位时间核算，得出必须要赚取的附加值总额。比较了一下各系提交的附加值总额，发现还必须追加 120 万日元。

为了提高这 120 万日元，要么增加生产，要么减少费用。所有在场员工开始检查订单明细和费用明细。之后，切削系主动承诺"通过提高良品率削减 20 万日元的原材料费"。烧结系也提出"尽量争取增加 100 万日元的生产，但目前只能保证 50 万，剩余的 50 万还不清楚，月中再汇报一下进度"。就这样，把 11 月份的预计单位时间核算定为 6 000 日元。

最后科长作出总结："这个月的目标很苛刻，希望烧结系加把劲。大家齐心合力争取完成!"预算最终获得了所有人的认可，制订完毕。

● **年度计划是制订月度计划的基础**

各阿米巴就是通过以上步骤在每月第一个工作日前确定各自的单位时间核算计划。比如制造部门，首先要反思上个月的生产实绩，然后参照销售部门的订单剩余情况制订当月计划。

关于费用，包括从其他部门转过来的公共费用在内，都要一项一项的仔细核查，如果发现品质管理或生产技术部门的费用大幅度提高，导致自己部门分摊的费用增加了，可以要求相关部门给予解释直到自己认可。

同样也要核查时间，包括接受其他部门支援的时间。

这时候最重要的是要对比一下年度计划，确认到上个月为止的累积业绩加上当月的预期，是否符合年度计划的完成进度。

为完成年度计划，必须按照进度完成每个月的计划。国分工厂半导体零部件第二事业部 PGA 第一制造科负责人肝付弘幸先生以及其部下某系负责人中村健次先生虽然在工厂负责生产，但如果当月订单量低于年度计划平均值，也会亲自去和总部或客户沟通。

- **数据是自下而上汇总起来的**

月度计划通常是自下而上制订出来的。虽然上级部门也会作出指示，但最原始的数据仍是最基层的阿米巴根据自己的判断制订的。比如，减弱燃烧炉的火力还是空烧，都是由现场负责烧炉的员工根据当月订单计划和成本决定的。计划等同于承诺，不负责任的计划无异于自己打自己的嘴巴，所以大家一般都会严肃对待这个问题。

计划也要按照核算表的格式填写，然后从系、部、事业部、事业本部一级级汇总上去。数字不是社长提出来的，而是一级级叠加起来的，因此所有数字都有据可依。如果需要还可以一级级拆开，这样决策层人员也能清晰地看到现场的经营细节，进一步了解数据背后体现的行动措施。无论是站在现场角度或决策层角度，阿米巴经营都实现了“高度透明的经营”。

- **每月调整月度计划**

所有阿米巴对包括费用在内的各项内容进行逐一审核后，自下而上汇总起来形成全公司的下月计划。虽然年度计划不需要每个月都进行调整，但光是月度计划的制订就很繁琐。因此在大多数企业，月度目标都是直接沿用半年或者年度计划中规定的数值。

其实，每个月重新调整下月计划非常重要。通过这种调整，可以获得最新的信息，提高目标值的精确度，也便于决策层和现场的阿米巴领导人准确把握未来趋势，及时采取相应措施，防止出现不可挽回的局面。总而言之，这种调整可以将书面上的计划变成活的管理工具。

反之，如果只制订年度计划，虽然省事但却极有可能脱离实际，流于形式，对经营判断没有任何帮助。而且，对于非常在乎单位时间核算数值、日复一日锲而不舍地努力提高核算的阿米巴领导人来说，按照年度计划或半年计划中制定的目标来经营反而更困难。

实际上，月度计划调整带来的负荷并不大。因为每天的业绩报表和月度计划的格式是完全一样的，调整下月计划之前，阿米巴领导人已经对每一项内容了解得一清二楚了。

- **树立远大目标**

但这并不意味着最初制订年度计划时可以不切实际。领导人在制订计划时，考虑得多深入，设定的是一个什么样的目标才是最重要的。

在京瓷，目标虽然有可能达不到，但它首先必须是领导人发自内心，追求一切可能而制定的一个高目标。调整月度计划时，最大的焦点就是针对上个月的业绩，这个月打算如何改善。换言之，重视的不是目标的绝对值，而是领导人打算在原有基础上进一步提高多少，或是在经营环境恶化的情况下，能把损失降低到多少。

- **用发展的眼光看待能力**

当然，如果总是设定一些遥不可及、不切实际的目标，久而久之部下就会疲惫不堪、丧失信心。反之，如果目标偏低，轻而易举就能达成，也不利于企业发展。尽管如何设置一个合理的目标是个很复杂的问题，但高目标的设定可以促使员工迸发出更大的能量。

有关这一点，稻盛先生主张“用发展的眼光看待自己的能力”。他说：“根据目前的能力判断自己能否做到，这谁都会。但这样我们永远也不会取得进步。只有不断挑战更高难度的工作才能取得划时代的成果。”

- **制订计划比追究结果更重要**

谈起阿米巴经营，读者印象里可能会觉得阿米巴经营只知道追究单位时间核算的结果。其实这是错误的，比起追究结果，阿米巴经营更重视计划的制订。

中村升常务解释说：“开会时，我们大部分的时间都用在计划审核上。大家一起通过反复的推敲制订切实可行的计划，采取可靠的措施。如果计划本身不切实际，毫无根据，结果肯定也好不到哪儿去。因此，要倾注全副的精力制订计划，争取把自己所有的想法都编进计划里。至于实绩，基本上就是员工说‘很抱歉’，而上级回答‘嗯，这也是没办法的事’，并没有特别拘泥于对结果的追究。”

五、执行计划

● 重视现场

下面让我们看一下计划的具体执行。计划执行阶段有个特点，也是日本制造业共通的特点，即重视现场。管理人员会亲自到现场察看，进行彻底确认。

国分工厂永田龙二副厂长本着“巡视100次”的宗旨，每天都会选择一个车间走走。笔者曾在某月底结算当天跟随他一起去了现场。永田副厂长从早晨6点开始，足足走了两个半小时，转遍了工厂内三层楼，向遇到的所有员工，不论正式职工还是临时工，都打招呼说“大家辛苦了”、“还剩××万日元，能完成吗”。

● 亲自确认

永田副厂长说：“光靠电话沟通不行。必须要面对面感受真实的气氛。面临困境的时候，负责人本人往往很难主动开口。这就需要我们及时掌握情况，协助他解决问题。另外，同样是汇报‘这个月绝对没问题，肯定能完成目标’，从一个要强的员工嘴里说出来和从一个缺乏自信心的员工嘴里说出来，意思大不相同。”

笔者参观半导体零部件的检品、出货工序时，曾见到一位负责人走到操作人员身边，亲自确认工作进展。这种确认工作是由部、科、系各级负责人分别进行的，因此最终形成了一种多重确认体制。有时候，事业部长也会亲自到现场察看。当然，各级别部门负责人都会收到下属的相关汇报，但大家还是养成了一种不确定的事情一定要亲自确认的习惯。

笔者还注意到有些负责人会亲自用推车把物品和批次卡送到出货车间。他们巡视现场的同时，也会联系办公室的销售部门，环视现场是否发生问题，或去出货车间查看电脑里的相关数据。负责人正是通过以上措施，搜集瞬息万变的各项信息，及时作出指示的。

- **在晨会上不断重复各项数据**

现场中心主义本身并不稀奇。但京瓷的独特之处在于单位时间核算的衡量标准已经完全渗透到了日常工作中。

其教育场合有三个，晨会、午会和总结会。制造部门的晨会是以科、系、班为单位依次召开，所有成员都要参加。午会和总结会根据实际需要召开。

各阿米巴领导人对照计划，宣读截至前一天的总生产达成率、单位时间核算、良品率等实绩。同时指出当前的问题及当天的工作任务。有时候还会激励大家："我们决不能输给××科。"

所有成员都会边听边记录。半导体零部件第二事业部的一位阿米巴领导人告诉我们："其实这些数据都在车间前方贴着，但这远远不够，只有通过做笔记，才能把这些数据当成自己的数据。"午会后，笔者借一位年轻女员工的笔记看了一下，上面写满了每天的总计、截至目前的累计、订单量及良品率等数字。

总之，虽然每次会议内容相同，但仍要以科、系、班为单位反复强调。这看似浪费时间，实则很重要。如果作业人员不知道"这就是当月目标，为达成目标一定要这样去做"，就不可能生产出真正好的产品，也无法提高单位时间核算。

另外，临时工由于上班时间相对晚，晨会会比正式职工稍微晚一点举行，但内容都是一样的。临时工也要知道订单数量以及其他有关核算的所有数据，也要有核算意识。

● 通过核算把握现状

通过上文中提到的晨会等会议上的反复传达，全体员工会对核算变得非常敏感，而且会对手头的工作所创造的利润产生浓厚的兴趣。久而久之就会养成从现金角度考虑“出了××日元的货”的思维方式，而不是“出了××个”。

在京瓷，员工之间打招呼时，除了常见的“生产顺利吗”，“顺利”之外，还会使用具体的数字，“现在已经完成了××了”。永田副厂长在巡视现场时，抓住一个负责人问道：“还差4000万吧？”结果该负责人马上说出了最新的数字：“不是，还差3800万了。”永田副厂长又对另外一位员工说：“我刚才转了一下，××君的部门恐怕完成不了计划了，差的那一部分就靠你们了，加油啊。”

数据的使用使得简短的对话变得更加具体。各级领导人和员工通过数据可以易如反掌地把握经营现状，并在此基础上，在短时间内进行更加具体的沟通，及时采取相应措施。

单位时间核算数字彻底渗透到员工的意识中，亲自确认生产和物品的动向，这两者的相乘效果使得领导人能够及时作出指示，并保证阿米巴成员根据指示迅速采取相应的行动。在阿米巴经营模式下，每一个环节的作业都和阿米巴的核算紧紧地联系在一起。

- **阿米巴之间的沟通**

目标一旦制定，就必须全力以赴争取达成。“材料没到”

不是理由，相邻的制造工序之间要每小时联系一次。另外，为了不给客户添麻烦，制造部门和销售部门之间也要进行频繁沟通。

阿米巴数目众多，如果把阿米巴之间的协调扔给决策层或上级管理部门，那阿米巴经营是无法推行下去的。虽然有些问题可能需要上级的介入，但通常情况下领导人要主动、及时地采取相关措施，而不是等待上级的指示。

- **人员的相互借用**

阿米巴之间的沟通还表现在人员的相互借用上，这也由阿米巴领导人自主决定。

人员借用最常见的原因是工作量突增，靠现有的人手已经无法完成工作，需要接受其他阿米巴的支援。另外也有委派具有特殊优秀技术的员工支援其他阿米巴的情况。这对借入方阿米巴来讲当然是件好事，而对借出方阿米巴来讲，委派出去的员工的劳动时间可以转到借入方阿米巴，从而有助于提高本部门的单位时间核算。

另外，如果由于某些原因导致无论如何都无法达成所属科的目标时，阿米巴领导人会考虑至少不能拖事业部的后腿，从而把自己科多余的人员派到其他科，帮助其他科盈利。这也是积极利用该制度的表现。

或许有人会担心，在阿米巴经营模式下，对核算的严格考核会引发各阿米巴的利己行为，实则不然。相反，各阿米巴甚至会考虑到上级部门的核算情况，毫不犹豫地采取对公司整体有利的办法。

- **充分利用企业内部关系网**

阿米巴就好比一个乡镇工厂，为了确保盈利，要尽可能地在公司内部扩大自己的关系网，争取同对自己最有利的部门合作。从其他事业部下属的阿米巴采购材料绝不是什么新鲜事。

而且，这种关系网不仅有利于在日常工作中建立合作关系，而且也有利于促进员工之间的智慧共享，促进组织学习。如果某个阿米巴采取了一项措施，结果证明很有效，其他阿米巴通过会议或商谈得知后会纷纷效仿，最终会给企业整体带来很大的好处。

在这个注重速度和创新的竞争时代，各部门能够突破传统的阶层组织框架，主动适应瞬息万变的环境，是在竞争中生存下来的前提条件。这就需要阿米巴领导人学会分辨该借助哪一方的力量。

六、反馈结果

● 每天进行数字反馈

每天的生产、费用、时间等主要项目实绩会在第二天以日报的形式分发给各部门。据此可以知道每天的总计以及截至当天的当月累计。阿米巴领导人也可以根据这些数据计算出每天的单位时间核算。

坚持日日反馈，可以及时了解现场发生的问题，及时采取措施。如果攒到月底一口气公布整个月的数据，就错过了改善时机。信息要新才有价值。

● 结账一小时后立即公布结果

月底最后一个工作日的中午结账。因为各阿米巴领导人已经有了截至前一天的累计，所以根据手头资料把最后一天的数据加上去就可以立即算出当月的大致核算表。实际上，在每天的工作中，各项指标已经管理得非常详细，因此大致算出来的核算表基本上和最终的核算表没有差异。结完账一小时后的午会上，阿米巴领导人使用概算表向其他成员宣读当月的工作成果。

再过一小时，半导体零部件第二事业部部长会主持召开反思会。各生产线、技术、管理、设计、检测、品质等所有科的负责人，以及下属各系负责人出席此次反思会。

首先，事业部长进行总结。之后各科汇报当月总生产、费用、时间、特别事项以及当月未完成的部分。之后发表下月目标及预测。根据需要，事业部长或其他相关部门的人员和部分阿米巴领导人以问答的方式进一步讨论，使会议内容更为充实。

- **趁热打铁进行反思**

无论是午会还是事业部反思会，关键是要做到实绩一出来就立刻讨论，并采取相应措施。人在工作当中往往会有很多想法，但时间一长就很容易忘记。京瓷一位员工在谈到这一点时曾说："如果不趁着余温未退进行反思，就无法养成及时解决问题的习惯。"

因此，在京瓷，实绩的总结速度是很惊人的。这在其他公司，通常最快也得 10 天左右，更甚者可能需要 3 ~ 4 周。在这样的公司，当月月中员工才能知道上月的工作成果。此时，上月的记忆已经很模糊，即使开了反思会，是否能达到反思的效果也很值得怀疑。最终可能导致员工只关注数字好坏，而不是经营内容，然后把犯人揪出来批斗一顿了事。

● 把公司的经营现状传达给所有的员工

结果要反馈给所有员工，这一点至关重要。在京瓷，了解公司现状的不是少数管理干部，而是包括临时工在内的全体员工。

在现场进行生产，在外边东奔西走忙业务的都是基层员工。没有他们的辛勤劳动，就没有公司的繁荣。公司经营不善的时候，甚至还要委屈他们接受一些不合理的要求。为了取得他们的理解和支持，必须从平时开始毫无保留地告诉他们公司发展现状，取得他们的信任。

● 公布全公司的经营业绩

每月第一个工作日，京瓷会召集所有员工在本馆前召开晨会。笔者曾参加了一次这样的晨会。会上，国分工厂的永田副厂长汇报了该工厂所有科的经营结果，并指出："×× 科连续 n 个月达成目标"，"×× 科订单减了，今后一定要严格控制费用和时间。"

随后，京瓷另外一个工厂也汇报了自己工厂的经营结果。还特意提到业绩优秀的北见工厂，"让我们学习北见工厂，努力工作吧"。

公布其他部门的业绩或活动以及其他工厂的状态，可以让所有员工进一步了解公司整体的经营状况。同时，也有提高内部竞争意识的目的，并且有助于引导员工不满足于现状，激励他们向更高水平发起挑战。

七、评估结果

● 严格审查

经营成果并不是反馈回去之后就一了百了了，而是要在会议上对照预算或年度计划进行彻底的讨论。

在阿米巴经营模式下，把经营权下放给领导人，让其开展自由经营的同时，也要让领导人对结果承担全部的责任。由于结果清晰透明，所以靠辩解是无法蒙混过关的。从这一点上说，阿米巴经营是一套非常严格的管理模式。

● 数据体现结果

领导人必须坦率地接受核算表结果反映了自己当月的经营状况这一事实。所有结果都反映在数据上。

要想提高单位时间核算，必须努力改善生产、费用和时间等所有项目。通过查看核算表上的各项明细，可以看出很多问题。假设，某部门总生产和材料费的比例关系每月波动很大。在京瓷，物品一旦购入，所有费用都算在当月费用里，所以如果出现较大波动就说明领导人可能一次性购买了两三个月的材料。会议上上级部门会提醒领导人“这种采购方式不合理”。

另外，如果阿米巴领导人开展只与己有利的经营，可能不会影响自己部门的业绩，但势必会影响到全公司的核算。例如，如果不能在规定时间内完成半成品的交付，就会增加下一道工序的等待时间，导致该工序单位时间核算下降。总之，通过核算表可以对领导人的经营了如指掌。

- **不掩饰业绩不好的事实**

负责人重点培养的部门如果业绩下滑，该负责人可能会经受不住诱惑，产生隐瞒业绩下滑的想法。是否应该公布业绩下滑的事实，确实很难选择。有的企业不会追究战略性产品的亏损，或者会把利润低的产品和利润高的产品放在一起进行捆绑式管理。

但京瓷大多数管理人员普遍认为，在进行阿米巴核算时不应该掩饰业绩不好的事实。公布亏损情况并让阿米巴领导人认识到“该部门现在出现亏损，在很大程度上拖了全公司的后腿”这点至关重要。看到赤字，没有人会无动于衷，都会变得全力以赴。

中村升常务告诉笔者：“和盈利好的产品捆在一起，虽然可以遮人耳目，但这种想法本身非常不利于个人的成长。把不好的方面暴露出来，可以促使当事人产生一种背水一战的气概，出资方也会因此爽快地提供资金，这种精神状态很重要。”

- **考察经营内容**

我们并不是提倡只看结果。光凭数据来判断，这对面对不同客户、使用不同设备的阿米巴是不公平的。

真正应该审查的是经营内容本身。也就是说，经营质量好不好才是最重要的。比起单位时间核算一直维持在 7 000 日元左右的阿米巴领导人，把核算由 3 000 日元提高到 3 500 日元、4 000 日元的阿米巴领导人会因为自己的努力而获得更高的评价。

- **使用结果进行验证**

当然这并不意味着不重视结果。能否合理有效地活用各项结果数据也很重要。

关于这一点，有一种说法叫做“不是检查结果，而是通过结果来进行检验”。也就是说有根据地制订计划，通过详细的模拟计算，得出一个假设，最后用结果来进行验证。

这也能体现出领导人是否值得信赖。通过验证，可以了解各阿米巴领导人提交的预算完成了多少，今后几个月的预算是否可信，出现偏差时领导人会有哪些习惯性的反应等等。

● 允许失败

稻盛先生认为京瓷成功的理由之一是“不会因为失败而指责员工。”而且，“在我们公司，如果员工为了公司利益勇敢迎接挑战，即使失败了，甚至给公司造成巨大损失，我们也不会进行任何惩罚……允许员工失败，他们才能不断地迎接新的挑战，产生再向前跨越一步的勇气”。

● 没有金钱报酬的游戏

在京瓷，对于完成年度计划的阿米巴，只会通过授予奖状和赠送啤酒券或公司圆珠笔来进行奖励。单位时间核算的结果不和奖金等金钱报酬挂钩。

因为所属哪个部门具有偶然性，如果区别对待部门好的员工和部门不好的员工，那对他们来讲太不公平了。不管员工所属的部门是好是坏，都要一视同仁。

京瓷虽然没有这种金钱奖励，但员工的工作热情依旧很高。因为，他们把阿米巴经营当成一种经营游戏来享受其中的乐趣。只要有激情，谁都可以成为“一国一城之主”，都有按照自己的想法经营一个阿米巴的机会。在此过程中如果作出成绩，就会获得精神上的满足。

● 奖励方式是委以重任

持续取得良好业绩，并具有一定领导才能的领导人，会不断地得到重用。反之，如果业绩不好，也有被替换掉的可能，但只要不自暴自弃，继续努力，就还有重振旗鼓的机会。在阿米巴经营模式下，回报领导人的方式就是给予其更广阔的舞台。

之所以可以自由更换领导人，其原因之一就是，刚才上文中提到的结果没有和金钱报酬挂钩。京瓷废除了职务补贴，而把工资和资格挂钩。因此，系长即使晋升为科长，工资仍然不变。同样，工资也不会因为降级而减少。这样一来，上级领导可以不必顾虑属下的生计，做到因才施用，自由变换阿米巴。

八、阿米巴经营模式下的销售部门

● PDCA 循环和制造部门相同

本章在阐述阿米巴经营模式下的 PDCA 循环时，主要引用了制造部门阿米巴的例子。这种循环，包括年度计划在内，并不限于制造部门，其他职能部门的阿米巴同样要实施该循环。

接下来，让我们看一下营业、研发、管理等其他部门，是如何开展阿米巴经营的。

● 联结客户和制造部门的纽带

销售部门的职能就是在客户和制造部门之间架起一座桥梁，并赶在其他公司之前抢先把握客户需求，推动制造。

京瓷成立之初，活跃在营业第一线的 KYOCERA ELCO

Corporation 董事兼营业部长佐佐木武夫先生说："我们一定要让客户看到我们公司的整体实力，这就要靠营业人员。"这时候就需要销售部门建立与客户以及制造部门之间的互相信任。

● 赢得客户的尊敬

和客户的信赖关系其实就是客户拥护自己的程度。很早以前就听稻盛先生说过，"我们应该做客户的仆人"，"做生意的前提就是获取对方的信任，不过最终目的是要得到对方的尊敬"。最理想的状态莫过于客户主动上门提交各种产品方案。

销售部门的核算虽然也要接受严格的审查，但如果只知道盯着公司内部，忽视了和客户之间的互动，就很容易失去客户。满足客户需求才是最首要的。上司必须加以指导，防止部下违背了这一原则。

● 说服制造部门

根据单位时间核算的计算方式，销售部门拿到的订单价格会直接转到制造部门。因此，不赚钱的订单，制造部门也不欢迎。

可是，如果该产品有很大的市场潜力，或者将来有可能推销给更多的客户，销售部门就必须要努力说服制造部门。销售部门的说服力是有关客户或市场的各类信息。佐佐木董事指出："能否说服别人，关键就看你能否确定'现在看，单价确实不合算，但从长远角度看，将来量肯定会增加，所以现在先接着订单，做好这几个月亏损的准备吧。'"

为此，需要在日常工作中努力获得制造部门的信任。作为营业人员，如果一味接受客户的降价要求，制造部门就有可能从一开始就把报价提高。如此一来，就很难和客户交涉。而如果营业人员总能按照制造部门希望的价格拿到订单，制造部门就会据实报价，这样就会轻而易举地在竞争中占据有利地位。

- **销售部门首先要提高收入**

那么销售部门的阿米巴该如何经营呢？和制造部门一样，销售部门也要制订年度计划和月度计划，按照产品种类、客户仔细推敲。即使还没签订正式的合同，也要根据自己的预测或意愿制定一个比较高的目标。同时还要和制造部门协商。

考察销售部门各项指标时，理所当然地要特别注意销售额。单位时间核算的数字必须和收入增长保持一致。另外，还要通过核算表或其他资料对订单这一先行指标进行跟踪，据此可以判断出该产品还能占据市场几个月。

- **销售部门还要掌握费用明细**

另外还要严格审查费用明细，在会议上也要讨论各项费用明细。如果招待费远远高于其他费用项目，虽然上级部门领导人不会单方面提出压缩要求，但自己一定要能够讲清楚这些招待费在何时为提高销售额作出了贡献。

佐佐木董事称："很多企业的销售部门都制订订单计划或销售额计划，但很少会制订费用计划。"在单位时间核算体系下，如果不掌握事务所电费、水费、每月的复印张数、车检时间等明细，就没法制订一个合格的计划。

他告诉笔者："东北营业所刚成立的时候，觉得买复印机不划算，只好去文具商店一张张复印。后来想到一个办法，让客户一式发两份。事务所选址的时候，考虑到空间太大，容易造成浪费，太小，以后搬家还得花搬家费。总之，所有的事情都要自己决定。"

有许多营业人员只顾确保粗利，扣除营业费或管理费后即使变成赤字，还以"拿到订单"而沾沾自喜。但在京瓷，费用也要纳入审查，因此营业活动都是盈利的。另外，通过把所有问题的决定权交给营业人员，可以让他们体会到自己的工作已由单纯的销售提高到了经营，工作热情就会倍增。

• 单独考察每一位营业人员

和制造相比，销售部门每位员工都有自己独特的行为方式或风格。而且，客户不同工作方式也不同。对待喜欢京瓷的客户、不喜欢京瓷的客户、新客户，要采取不同的接触方式。这也会影响到单位时间核算。

考虑到这一点，单凭单位时间核算的绝对值对营业人员进行考核是非常不公平的。为了让他们在各自岗位上积极大胆地开展工作，在分析销售部门的经营内容时，要比制造部门还要深入。而且，对于不能立刻带来经济效益的交涉能力、开拓能力的评估办法也会影响到员工的行动。

销售部门每个阿米巴的人数比制造部门还少，通常都少于十人，很多都只有两三个人。这也是为了能够更清晰地掌握经营内容。

- **重视团队合作**

营业活动在很大程度上依靠个人力量。但单位时间核算是以阿米巴为单位计算的，所以成果中看不到每个人的业绩。这是因为即使是销售部门，也要重视团队合作。

或许有人会认为，这种做法会打击优秀员工的积极性。但这样做可以把个人成果和团队成果综合起来进行考核。同时也体现了京瓷一贯的方针，即比起依靠单个人的力量，加强团队合作，大家齐心协力相互扶持共同努力才是在竞争中获胜的关键。

即使是在实际的营业活动中，也不可能是单枪匹马作战。

有时需要向同事讨教交涉技巧，有时需要同一地区负责不同产品的同事提供一些新客户的信息等等。除此之外，正因为有同事留在办公室帮忙接听电话、填写票据，自己才能更有效地投入工作。再进一步说，营业人员能把产品成功推销出去是因为开发部门开发了好的产品，且制造部门以低成本完成了生产并保证了交货期。

单个营业人员不能独占所有功劳。上级部门领导人要通过反复强调，让员工意识到阿米巴只不过是整体中的一个组成部分。

● 如何增加人员

最后让我们看一下如何增加人员。同制造部门的设备投资相同，正确判断合理的员工数，对销售部门阿米巴领导人来说至关重要。

如果认为现有人员不够，可以提出申请。同时，一定要根据年度计划里的预计销售额、时间、费用、单位时间核算等资料出示增加人员的根据。增员后是否能够维持生计是能否获得批准的关键。

九、阿米巴经营模式下的研发部门

• 研究本部的研究和事业本部的开发

京瓷自成立初期开始，其技术一直好评如潮。其他公司做不了的订单，京瓷不但能做，而且能以极具竞争力的价格做，这也被看作是京瓷不断发展壮大的原因。在阿米巴经营模式下，至今仍然保留着重视技术和培养员工的核算意识这两大传统。

现在京瓷的研发由研究本部和各事业本部内的开发团队同时担任。研究本部主要负责基础研究，事业本部主要负责和产品有直接关系的应用研究。为了避免混乱，我们把前者称之为研究，把后者称之为开发。

由于研究部门没有实施单位时间核算考核，因此接下来主要探讨一下开发部门的阿米巴经营。

• 开发部门也要考核单位时间核算

开发部门主要负责解决各事业部当前面临的问题，以及考虑如何把技术转化为产品，实现技术商业化。在京瓷，即使是开发部门也要具有时间和费用意识，负责开发的阿米巴也要执行单位时间核算。

实际上，开发部门充其量只是靠把试制品卖给其他阿米巴或从其他阿米巴收取点内部技术使用费来维持运作，因此每月赤字都居高不下。即便如此，开发部门也和制造部门被同等对待，在核算方面不享受任何特殊待遇。

● 重要的是何时能转化成经济效益

开发部门并不会因为单位时间核算数字的好坏而受到指责。对开发部门来讲，重要的是课题何时能完成，何时可以转化成经济效益。

开发部门也要参加会议，并在其他制造阿米巴的面前汇报进度，特别是要围绕开发时间，比较计划和实际的差别，汇报各课题的进展情况。每个月的核算虽然不重要，但反之，如果研究课题迟迟没有进展，必然会被追问“你们打算花钱花到什么时候?”

比如，社长查看事业本部核算数据时可能会说：“你们部门业绩没什么提高，研发的经费倒是花了不少。”其言外之意，不是要缩减经费，而是要加快研发速度。

● 培养费用意识的意义

在天天拼命试图降低成本的制造部门阿米巴领导人面前展示自己的亏损核算表，没有哪个开发人员能够无动于衷。这在客观上也提醒了开发人员，是制造部门支撑着自己的研究，这对激励开发人员尽早把技术转化成经济效益有很大帮助。

而且，大多数情况下，开发人员要负责产品的最终商业化，因此不可能毫无目的地胡乱开发，而必然会进行能给企业带来利润的开发。

在第六章里，我们会谈到开发工作最终转化成新事业后，是如何促进阿米巴成长和分裂的，以及新项目是如何启动、如何开展的。

十、阿米巴经营模式下的管理部门

● 管理部门是非营利阿米巴

最后说明一下管理部门的阿米巴经营。当今，管理部门臃肿，白领阶层工作效率低下已经成为一种普遍现象。接下来，笔者将分析一下阿米巴经营模式下，总部或工厂的经营管理、财会、人事等管理部门的管理模式和活性化政策。

首先，管理部门是非营利阿米巴，没有收益，只消耗费用和时间。但每个月也要对费用计划和实绩进行比较，严格考察是否存在浪费现象。

其次，根据提案审议制度规定，采购办公用品前必须提交申请，哪怕是一张办公桌或者一本书。京瓷成立初期，甚至规定“使用公司电话打私人电话时的电话费由员工个人承担”，“工作所需的算盘或制图工具也由员工个人掏腰包购买”。

● 具有公司养着自己的意识

京瓷正是通过这种方式彻底削减费用。大多数公司并不审查间接部门的费用，或者顶多设定一个上限，每半年或一年审查一次，确认是否超支。和这些公司的管理部门相比，京瓷员工的核算意识截然不同。

在京瓷，不从事实际生产操作的员工会自发产生一种“公司养着自己”的意识，会像现场员工一样，绞尽脑汁设法降低每一日元的成本。而且，由于间接部门花费的时间和费用都分摊给了各营利阿米巴，因此是名副其实的被公司养着。

KCCS 的森田直行社长谈起以前自己还在管理部门就职时的经历时说：“曾经有一个营利阿米巴的员工对我说，‘你们都是靠我养着的’，当时我很生气，不过后来明白了，再遇到这种情况，我会回答他们，‘谢谢你们。因为有你们，才有我们的今天’。”“不过对业绩不好的部门我是这么回答的，‘我也没靠你们养啊，再加把劲！’”森田先生笑笑说。

● 受营利部门牵制

管理部门的费用和时间原则上根据受益程度分摊给各营利

阿米巴。前面已经反复强调过营利阿米巴的核算管得很严。因此，如果分摊过来的费用或时间出现大幅度提高，各营利阿米巴必然会要求相关部门作出解释。而且，如果享受到的服务和支出的金额不成比例，也会向相关部门提出抗议。在这种体系下，比起靠预算额度管理间接部门费用和服务的企业，可以更好地牵制管理部门。

而且，如果因为自己的费用过高，而影响到其他阿米巴的核算，管理部门也会很内疚，会主动检查是否自己的工作方法有问题，是否存在浪费现象。

- **尽可能定为营利部门**

提高管理部门的核算意识最好的办法是，把它从非营利阿米巴转成营利阿米巴。当然，并不是所有的管理部门都可以转成营利阿米巴，但像出货这样的部门，最好转成营利阿米巴。

京瓷把以前隶属经营管理部门的物流管理分离出来，成立了物流事业部。对此，滋贺工厂物流科负责人水谷敏之先生告诉笔者："分出来后和以前完全不一样了。最初业绩惨不忍睹，后来慢慢地有了很大的改善。"而且，"现在大家不再害怕创新，变得能主动创新，迎接挑战了。而在此之前，大家迟迟不愿意接受新事物，都得强制着才肯去做。现在变成了负责人开始依据核算表主动采取行动了。"

转成营利部门后，改善提案能够清晰地反映到数据上。在滋贺物流中心，比起作为非营利部门的那段时间，提案件数有了明显增加，费用、时间也降低了许多。例如，根据一个进公司才几年的年轻员工的提案，改善了打包用的纸箱子形状，大大压缩了运费、纸箱子费和缓冲材料费。另外，员工们甚至还想出了一个具有划时代意义的主意，即通过撤掉自动仓库里的传送带控制系统传感器，提高作业效率。就这样，物流部门变成了营利部门，建立了营利体制。

第六章

阿米巴的
分裂、合并、成长

一、阿米巴的分裂和合并

- **按照领导人的意愿进行划分**

读者常常会有一种错觉，认为阿米巴经营就是企业组织自然而然地分裂成许多独立运作的小集体。以每个小集体为单位进行独立经营这一点没错，但这些小集体并不是自己分裂开的，而是根据领导人的经营思路人为划分的。如果领导人有意发展某种产品或工艺，就把该产品或工艺划分出来进行独立核算。

即使是同一个阿米巴，其划分方法也因人而异。有的领导人可能想按照工序分成三个阿米巴，有的领导人可能想按照产品分成两个，也有的领导人可能不分。从划分方法可以看出领导人的经营眼光。

- **划分的目的是为了能看得更清晰**

一般情况下，如果在现有的组织结构下很难看清经营状况，就要进一步细分阿米巴。

京瓷的中村升常务曾是川内工厂纺织机械零件制造部门的负责人。该部门产品成形有四种方法：注塑、挤压、切削和冲压。刚开始是把这四种方法合在一起作为成形阿米巴进行统一管理。但在这种方式下，很难辨别哪种方法利润高，哪种方法利润低，于是中村升常务决定把它细分成四个阿米巴。

“结果，差距一下子出来了。最赚钱的是冲压，其次是挤压，然后是切削、注塑。本来大家都以为技术最新的注塑最赚钱，没想到拆开来一看结果完全不一样。”

- **采取更加具体的改善措施**

细分化后，核算变得清晰透明。中村升常务告诉笔者：“当时大家都觉得应该尽量采用注塑法，但我决定能用冲压的尽量用冲压。”

同时他还发现注塑不赚钱的原因主要在于模具、树脂材料和作业的繁琐。把这些问题一一解决后，总算把注塑阿米巴的核算提高到了一个正常水平。

也就是说，把一个阿米巴细分成四个，可以促使领导人明确经营思路，从而采取更加具体的改善措施。

● **寻找能最大限度激发组织活力的划分方式**

另外，即使能够看清经营状况，领导人出于其他考虑也可以进一步细分阿米巴，激发组织活力。

中村升常务告诉笔者："假设出新产品了。把新产品和原有的产品放在一起做，大家自然而然会把注意力集中到新产品上。在原有产品生产过程中好不容易积累起来的经验一下子就扔了。这样下去肯定不行，一定要把新产品和原有产品分开，用两条腿走路。"

京瓷创业时生产的产品，有些部门现在还在继续生产，而且依旧保持着高销售额、高利润的状态。"如果总没有机会接触新东西，一般人通常会觉得自己的存在价值不大，其实不然。……我们的员工会觉得很自豪：虽然单价下跌了，但通过不断的改善，依旧可以保持很好的业绩，我们经营得很出色。这就是员工的存在价值，是一种自信、一种骄傲，也是我们阿米巴经营的真实写照。"

● **充当母体阿米巴**

不过，细分阿米巴在原来的阿米巴看来，就如同自己辛辛苦苦培养出来的孩子被别人夺走了一样。

迄今为止，从精密陶瓷事业部分裂出来的阿米巴最终成就了医疗用材料、切削工具、珠宝首饰等众多新事业。稻盛先生曾就此评价说：“你们部门就像是一个不断孕育新生命的母亲。”

此番话肯定了该部门的存在价值，同时也缓和了员工觉得自己培养起来的事业被夺走了的情绪。

• 根据领导人的能力进行划分

划分阿米巴的另一个原因是领导人的经营能力问题。

如果阿米巴业绩得不到改善，或者和客户的沟通出现困难，很有可能是因为领导人的经营出了问题。

在不得不替换阿米巴领导人的情况下，如果没有合适的接替人选，就要将该阿米巴分割为数个，交给多位领导人分别经营。即使不替换领导人，如果领导人负担过重，也可以削减一部分工作给其他人。

• 合并没有发展前途的部门

阿米巴并不只分裂。对于没有发展前途的部门，要努力压缩分散管理的成本，提高核算。因此，如果没有分开考核的必要或者放在一起考核比较合理时，就要对阿米巴进行合并。

当今半导体封装的主流已经从用玻璃封接的陶瓷双列直插

式转变为可贴装电路的多层陶瓷式。为了顺应这一发展潮流，京瓷把分散在两个工厂的双列直插式生产部门集中到了一处。

没有发展前途的部门并不是完全没有用的部门。即使事业本身没有发展前途，出于其他需要也要通过合并消除浪费。

• 合并后由出色的领导人统一管理

上文中已经提到过，领导人能力欠缺时要进一步细分阿米巴。同样的道理，也可以根据领导人的能力对阿米巴进行合并。

如果某阿米巴业绩不振，可以将该阿米巴合并到领导人出色的其他阿米巴中。此后如果该阿米巴的经营有了起色，可以再次划分出去。

• 分裂和合并的关系

分裂和合并，看似矛盾，但合并可以促进分裂。

就如同政府机关，如果总是优柔寡断不能根据需要对相关部门进行撤销或合并，就会导致组织越来越臃肿。这在阿米巴经营模式下是绝对不允许的。如果合并有难度，那么分裂的时候也一定要慎重。反之，如果可以顺利合并，也就可以果断地分裂。在恰当的时机进行合并体现了阿米巴经营的灵活性。

二、临机应变的组织结构

● 及时调整不合理的组织结构

不管出于什么理由，只要觉得目前的组织结构不合理，就要马上进行分裂、合并或更换领导人。

KCCS 的森田社长解释说："假设 8 月份的时候，某领导人发现业绩不太好，想从下半年的 10 月份（日本企业的会计年度从当年的 4 月 1 日至下一年的 3 月 31 日，因此 9 月 30 日之后属于下半年。——编者注）开始调整组织结构。如果这么跟稻盛社长汇报：'我想调整一下组织结构，争取 10 月份开始执行新体制。'肯定会遭到社长的严厉训斥：'既然现在业绩不好，为什么不马上改？这和 10 月份有什么关系！8 月份业绩不好的话，那就从 9 月份开始改！'"

在年度中间变更组织结构会给管理部门造成很大负担，但这不是最应该考虑的问题。对京瓷来讲，最首要的是"一定要从现在开始建立一种具有竞争力的体制，否则必败无疑"。

● 组织变更是家常便饭

从创业时开始，京瓷就一直坚持根据实际需要临机应变，改变组织结构。以前甚至有过早晨组建的新阿米巴到了晚上就被解散的情况。

即使是现在，科级阿米巴的分裂、合并、领导人的更换也很频繁，每月大约有30件。而系级阿米巴或班级阿米巴的组织变更次数已经多到没人能数得过来的程度。

事业本部级别的组织变更也很频繁，从来没有哪个事业本部能够保持同一体制两年不变。甚至有时候会突然决定把某事业本部一分为二。

- **灵活应对市场变化**

稻盛先生在《提高心智，扩大经营》一书中提到："我并不觉得在企业经营中存在什么非此不可的组织结构。（中略）我觉得组织就是公司存在并不断发展下去所需要的要素集合。我就是抱着这样的想法，根据需要随时调整组织结构，进行最合理的人员分配，以期靠最少的人数完成企业的使命。"

无论分裂还是合并，灵活性最强的还是人。阿米巴经营正是通过随机应变调整组织结构来适应市场变化。

- **重组业务流程**

90年代初，流程再造这种管理方式曾一度非常流行。其目的在于重新思考企业的业务流程，进行一场根本性的变革与创新。通过流程再造，可以改进原有的组织结构或工作方式束缚下的效率低下的流程，让新流程更加符合经营需要，更加流畅、合理。

随着对过度的流程再造的批判，最近已经很少听到这个词了。但根据环境变化重新设计业务流程这一思路今后仍将是所有企业面临的一个重要课题。

如同上文中刚刚提到的稻盛先生所说的，在京瓷，一旦发现现有组织结构不合理，要立即对阿米巴进行分裂或合并。这其实就是对最合理的业务流程的一种探索。

领导人对阿米巴的经营了如指掌，阿米巴成员也有很高的工作热情，这就是业务流程合理的标志。为达到这一状态需要进行反复的调整，也就是说，正是由于可以随时调整阿米巴组织结构，才能及时发现业务流程中的不合理因素。

- **对组织变更没有抵触情绪**

由于组织变更会增加许多事务性的工作，而且还有可能遇到管理层待遇调整困难等问题，在大多数企业，员工多少会对组织变更产生抵触心理。因此，结果往往是维持效率低下的现有组织结构直到组织完全瘫痪。

在京瓷，所有员工对于分裂或合并阿米巴已经形成一种基本的共识。而且对组织变更本身也已司空见惯，因此没有人觉得这是多么特别的事情。

如果有更合理的组织，那么理所当然要采用。对此，管理部门无权阻止。京瓷管理部门的所有员工皆称“我们只不过是后勤”。管理部门如果没有这种心态的话，阿米巴经营是无法成立的。

更准确地说，管理系统本身的灵活性设计正是为了迎合这种频繁的组织变更。

三、新项目的创建

- **阿米巴成长为新事业**

以上是对阿米巴的分裂、合并的说明。接下来让我们看一下新项目从创建到最终实现商业化的整个成长过程。

专门生产精密陶瓷发家的京瓷现在已经把事业扩展到电子元件、半导体零部件、相机等光学仪器、打印机等信息设备、手机等通信设备等众多领域。除此之外，京瓷还通过 DDI、TAITO 等相关公司开始把业务扩大到通信服务和娱乐行业。

我们可以从组织的角度把京瓷的事业扩展看成是一部阿米巴诞生和分裂的历史。

- **研究本部和事业本部内的开发部门**

在京瓷，基础研究在研究本部进行，应用研究由各事业本部的开发部门负责。

现有事业的衍生课题，由事业本部内的开发部门负责探讨，明确目标后进入量产。光纤通信零部件光纤连接器就是由滋贺工厂负责精密加工开发的部门开发，后来在北见工厂正式投产的。

而研究本部的研究成果有两种去向：一种是由关联性比较强的开发部门接手，进一步完善后发展成一项独立的业务；还有一种是不经过开发部门，直接上线投产。比如半导体产品上用的基板的新制造法就属于前者，而传真或打印机的零部件热敏头就属于后者。

- **事业本部接手后立即开始核算考核**

研究本部不进行核算考核。但事业本部一旦接手，就要开始考核单位时间核算。

前章中已经提到过，核算数字本身并不重要，但该课题何时才能转化成利润是每次会议必问的问题。光纤连接器和基板在最初几年也是连续亏损，承受了很大的压力。但开发部门抱着背水一战的决心，经过坚持不懈的努力，现在已经成长为一个非常重要的部门。

● 项目负责人要负责商业化之前的所有工作

通常，项目负责人要负责从研究开始到商业化之间的所有工作。热敏头是受一家大型电器精密仪器生产商委托开始生产的产品。最初，由综合研究所的三位员工亲自进行焊接试制后直接交给客户。渐渐地订单越来越多，仅靠研究所的生产已经无法满足客户的需求。再加上当时已经预测到该产品将来有很大潜力，于是正式上线投产。京瓷让这三位员工担任领导人，为他们配备了必需的设备和人员。其后，该阿米巴随着事业规模的扩大，渐渐分裂成采购、订购、各制造工序等多个阿米巴。

设备计划或未来构想也由从研究阶段开始参与的开发人员负责。他们将来还要继续率领该阿米巴努力提高核算。因此，开发人员不会搬起石头砸自己的脚，忽视市场需求胡乱开发。而且开发人员在开发阶段还会主动考虑到量产后的成本。

● 主动寻求合作

如何管理研究产品商业化之前的一系列过程，对阿米巴领导人来说至关重要。

即使是基础研究，最终也要以某种方式反馈到实际业务中去。有位员工这样讲：“如果让研究所自己选课题，通常都会选自己喜欢或感兴趣的，最终可能对实际业务没有一点帮助。”开发人员要想把握市场动向，必须要和销售或制造部门进行沟通。

而且如果什么都等上司指示那就太迟了，要积极主动地与相关部门进行接触，获取信息或资源。在这一点上，同非研发部门一样，研发部门也同样体现了阿米巴经营靠的是领导人的自主性这一特征。

- **创业精神**

第一章中曾提到过，太阳能新能源事业部部长手冢博文先生从其他公司跳槽进入京瓷时，对京瓷的做法感到很吃惊，“不仅要搞开发，还要负责制造、工程设计、挑选零部件供应商、合作公司的生产线启动、品质保证、营业等等。要想把业务开展下去，这些工作都得做，当时我的脑袋都大了。”

近几年，随着公司规模的扩大，越来越多的项目在中途就可以交接给各事业部。但“科研人员并不是把产品开发出来就万事大吉了，要全面负责直至产品实现商业化”的创业精神依然存在。

阿米巴经常被比作一个乡镇工厂，而研发领导人就好比是这个工厂的创业者。只有站在经营者的角度积极主动埋头苦干，才能把一粒粒小种子培养成一项项具有竞争力的新事业。正是这种企业文化托起了京瓷高水平的研发能力。

第七章

通过阿米巴经营实现企业变革

一、阿米巴经营的咨询业务

- **阿米巴经营的扩展**

前面六章是有关京瓷阿米巴经营的说明。现在，实施阿米巴经营的不仅仅是京瓷或其集团企业。序章里笔者已经提到，KCCS 自 1989 年即开始从事阿米巴经营的咨询业务。

KCCS 的咨询业务是在短短 10 个月内，制定一套合理的组织再造及运营规划方案，并辅导企业直至该企业能够自主实施阿米巴经营。KCCS 之所以能提供如此全面的服务，正是基于其多年来在京瓷内部积累起来的丰富经验和实际管理知识。而且，相对于企业凭借自身力量进行改制，顾问作为第三方在重新划分组织结构或制定运营规则时，可以站在一个更客观的立场上，不徇私、不妥协。

图 7-1 是 1996 年前引进阿米巴经营的企业（85 家）规模分布图。虽然一半以上的企业（51 家）员工人数还不到 200 人，但有 4 家是员工人数超过 1 000 人的大型企业。图 7-2 是行业分布图，图 7-3 是业态分布图。目前引进阿米巴经营的企业涉及众多行业。本章里列举的 SYSTEC 和 DISCO 两家企业虽属制造业，但从上述图中可以看出，有许多非制造业的企业（比如商社、服务业）也引进了阿米巴经营。

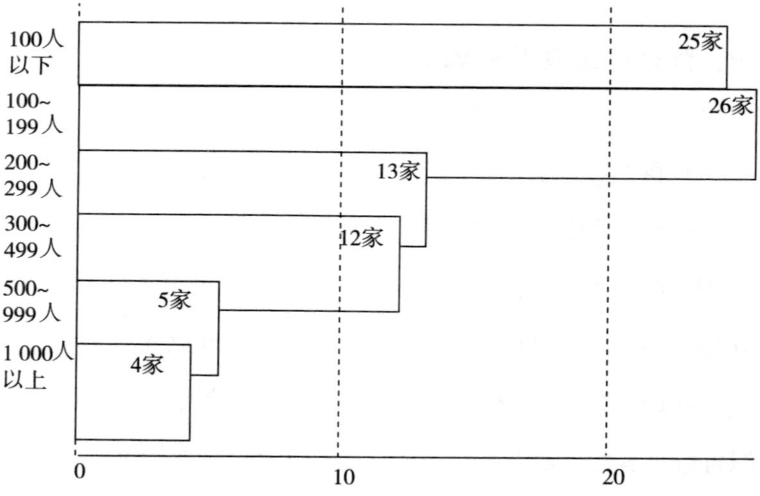

图 7-1　引进企业的规模分布图

由此可见，以中小企业为主的各行业企业为了能成长为第二个京瓷而引进了阿米巴经营。除此之外，KCCS 开设的“阿米巴经营研究会公开讲座”场场爆满，从大家津津有味地倾

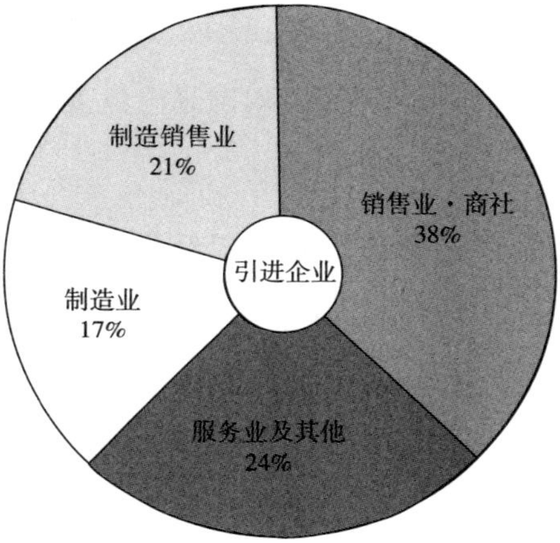

图 7-2　引进企业的行业分布图

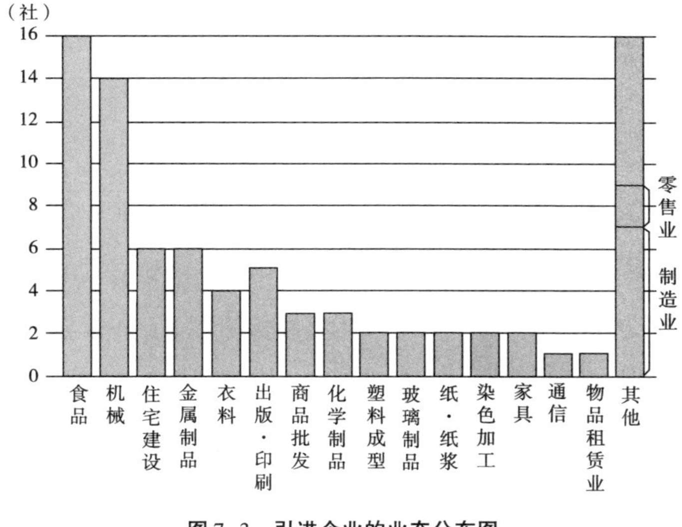

图 7-3　引进企业的业态分布图

听京瓷或京瓷邀请的引进阿米巴经营的企业人员的谈话中可以看出，还有几十倍数目的企业对阿米巴经营抱有浓厚兴趣，正在认真探讨阿米巴经营的引进。

笔者已经反复提到过，阿米巴经营可以培养具有经营者意识的人才，实现全员参与式的经营。随着社会环境的剧烈变化，经营环境不确定性因素的增加，阿米巴经营的这一优势会越来越受到企业决策层的关注。

• 引进阿米巴经营后的变化

本章里主要围绕两个问题进行介绍：企业为什么要引进阿米巴经营？以及如何让阿米巴经营在自己企业内生根发芽？我们通过对这两个问题的探索来看一下引进阿米巴经营之后企业发生的变化。

许多读者肯定非常关心阿米巴经营的引进给企业带来的变化。或许有读者会认为阿米巴经营是一种只适合京瓷的特定的经营模式，从而放弃了引进阿米巴经营的念头。本章里阐述的这两家企业的案例将打消读者的这一疑虑，并充分证明阿米巴经营是一种非常合理的经营模式，相信这对正在探讨引进阿米巴经营的读者将有很大帮助。

在观察引进案例时，换个角度思考也很重要。因为在京瓷看起来理所当然的事情，到了组织文化全然不同的企业可能就会变成一种障碍。通过分析这些企业的经验和教训，可以找到成功引进阿米巴的关键，同时也可以了解促使企业焕然一新的是阿米巴经营的哪一个侧面。

二、株式会社 SYSTEC 的案例

● 连续多年没有盈利

SYSTEC 总部位于滨松市，集团员工总数 270 名（1996 年 7 月），主营业务是根据电脑生产商的委托进行电脑周边设备的开发、设计和制造。

泡沫经济破裂后，该公司业绩持续低迷，连续多年利润为 0。由于经济形势不好，大公司纷纷裁员。受此影响，SYSTEC 派遣出去的 60 位技术人员遭到辞退，公司陷入严重危机。

该公司创始人，也就是社长梶村武志先生回顾当时的情形时说："有时候年底奖金只相当于一个月的工资。"正走投无路时，他经朋友介绍参加了盛和塾（由稻盛先生担任塾长的、指导年轻经营者的学习型组织），了解到许多成员企业引进阿米巴经营后取得了巨大的成功。

● 经营体制、运营规则简单明了

阿米巴经营引起了梶村社长的浓厚兴趣，"创业初期，我

们的经营方式和阿米巴经营非常相似，也是把组织划分成许多小集体，每天统计销售额和费用。”但这种方式仅仅在公司员工少于100名的时候发挥了一定的作用，“京瓷的做法和我们最大的不同在于京瓷有非常明确的运营规则，而我们主要还是靠社长一个人，更准确地说，我们的规则仅限于社长的管辖范围内。”

阿米巴的经营体制简单明了，运营规则也非常完善。梶村社长凭直觉感到“我们肯定也可以实施阿米巴经营”。并且梶村社长也非常赞同稻盛先生的经营哲学，于是毅然决定引进阿米巴经营。

- **最初员工对此反应冷淡**

但当时SYSTEC上年度的营业利润只有300万日元，管理层对能否支付得起咨询费深感怀疑。理所当然的，六位部长集体反对，“我们负担不起，这怎么可能呢！”但社长没有妥协，“按照目前的状态发展下去，公司不会有什么前途，必须采取措施。反正贷款的是我，请允许我按我自己的意思办吧。”就这样，半强制性地作出了引进阿米巴的决定。

1994年7月，SYSTEC正式开始引进阿米巴经营，其过程并非一帆风顺。尤其是本应该起带头作用的管理层的意识迟迟没有改变，“京瓷是京瓷，我们是我们。公司规模不同，文化也不同。阿米巴经营怎么可能适合我们呢?”很长一段时间内，大家反应非常冷淡。“既然是社长决定的，或许有点儿用吧，姑且先跟着干吧。”这一消极的态度在当时已经算是比较正面的了。

同样，员工也迟迟不肯接受，“突然提出来谁能做到啊”，“不知道该从哪儿下手，理解不了的东西没法执行”。

● 采取各种措施改善气氛

为了改善这一消极的氛围，梶村社长采取了各种措施。比如，从项目开始到12月份的这五个月中，频频到现场巡视，亲自向员工解释自己的想法。

从1995年4月开始，梶村社长把每个月的会议重点从实绩分析转移到计划制订。对于领导人制订的计划，不轻易妥协，尽量要求他们制定一个更高的目标，抱着稻盛先生所说的“小善如大恶、大善似无情”的“铁面无私”的心态严格要求、鞭策每一位员工。几乎就在同一时期，梶村还选拔了一位积极推进阿米巴经营的员工作为推进负责人。

SYSTEC引进阿米巴后还加入了一些自己的想法，比如按业绩高低排列各阿米巴的单位时间核算表，这给员工带来了很大的触动。梶村社长很清楚每个阿米巴所处的环境和工作内容大不相同，但仍然坚持使用单位时间核算进行统一评价，宣布

“这个月×× 君率领的×× 部门的单位时间核算最高，是×× 日元”。这一做法大大促进了阿米巴之间的竞争，使得领导人再也无法无视其他部门的核算。

- **发生戏剧性的转变**

在社长尝试了各种鞭策措施之后不久，1995 年 6 月左右开始，公司的氛围发生了翻天覆地的变化，并着实反映在了单位时间核算上。SYSTEC 能够持续运转的基准，即员工平均工资是 2 200 日元，4 月份的时候，15 个阿米巴中只有 4 个阿米巴的核算达到了该标准。而到了 9 月份，几乎所有阿米巴的核算都超过了标准。

这说明，决策层强有力的领导能力是保证阿米巴经营的引进工作取得成功的原因之一，同时，推进负责任人的选拔也很重要。

成果作为具体的数字出来后，所有人都切实体会到了成功的喜悦，“虽然很辛苦，但我们终于完成了一个目标”。直到现在，福田工厂的墙上依旧保留着 1995 年 6 月和 7 月的核算表。这两个月也是有史以来最辛苦的两个月。“我们绝不能忘记那段最艰难的日子”，为了不让时间冲淡当时的喜悦，领导人迟迟没有取下当时那两个月的核算表。

- **领导人有了自信**

引进阿米巴经营之前，制造部门连续七年赤字，濒临破产。1994 年 7 月阿米巴经营正式开始运营，到 1995 年 5 月，单位时间核算的平均值也不过是 1 506 日元。自 6 月份以后该部门核算再也没有低于标准工资线，平均值一跃达到 2 593 日元。

阿米巴领导人告诉笔者："订单量上下浮动时，我就想办法进行合理的人员调整或缩减外包加工费、消耗品费等，全力以赴达成目标是个很有意思的过程。"此前在同一岗位干了很多年的员工此时也开始体会到工作的乐趣，感受到"亲自经营一个阿米巴"所带来的成就感。

当不可能变成了可能，员工渐渐树立起了自信心，"以前去参加总部每月一次的经营会议，感觉就是去挨训的，很是郁闷。但现在可以挺起胸膛去了，还有些迫不及待呢。"甚至还有员工表示说："希望单位时间核算能超过京瓷。"

1996 年 5 月的社内研修会上，制造部门领导人发表了迄今为止的各项活动及其成果。言语中让人很难想象这和以前是同一个人。在谈到今后的计划措施时，他说："我将进一步推动阿米巴经营的渗透和融入，促使全体员工养成每个人都是经营主角的习惯，建设一个能不断创造更高价值的职场，争取在 1996 年度内把单位时间核算提高到 3 200 日元。"这个数字不是社长施加的，而是他们主动提出来的，是一个向更高目标发起挑战的许诺。

- **工作变轻松了**

让笔者十分意外的是，尽管每个月的目标都很有挑战性，很困难，但几乎所有员工都说“工作比以前轻松多了”。

有位领导人告诉笔者：“以前是在一种非常混乱的状态下工作，为了完成规定的数量伤透了脑筋，而现在有了核算表可以参考，下一步该干什么一目了然，再也不用做一些无用功了。我们以前工作也很认真，可能就是没做到点子上吧。”

阿米巴经营正式步入轨道后的第四个月开始，每月截止日前十天差不多就能预测出当月的最终损益情况，如果出现问题，可以尽快采取措施解决。以前，制造部门的阿米巴领导人每天光是处理工厂的内部管理工作就忙得不可开交，现在甚至还有空闲时间，工作量少的时候会越过销售部门，直接去客户那里争取订单。

除此之外，部门间的横向交流也越来越频繁，借用阿米巴领导人的话说就是：“以前有的部门到了点就下班，也有的部门一直干到很晚。引进阿米巴经营之后，通过部门间人员互调，基本上是干到7点大家一起下班。”

● 竞争圈子不断扩大

阿米巴经营在 SYSTEC 内部引发了各种各样的竞争。比如上文中提到的按照成绩高低张贴各阿米巴的单位时间核算表。在乎输赢的不光是领导人，还包括底下的员工。有位领导人苦笑说："如果没有充分采取措施，下边的员工就自动找上门来了。"引进阿米巴经营后，部门停止了 QC 活动，但提案件数不但没降反而增加了。

更有意思的是，最热心于阿米巴之间竞争的居然是临时工。他们也知道核算情况，据说临时工凑在一起时经常会互相比较所属部门的单位时间核算。

工厂业绩的提升也大大刺激了总部的开发部门。听说自己部门的单位时间核算目标低于制造阿米巴后，该部门主动把目标又提高了 1 000 日元，令梶村社长都感到非常吃惊。

● 领会社长的思想，统一方向

曾有一位阿米巴领导人在社内问卷调查上这样写道："现在终于能和社长想到一起去了。通过阿米巴会议或每个月同社长的谈心例会，我明白了社长的想法。我感觉自己从真正意义上体会到了什么叫做方向一致。"

梶村社长说："以前我提出要求，他们要么漠不关心，要么勉勉强强地应付。而现在，基本上不需要强制，他们会主动理解我的想法。”

并且他们能积极地把社长的想法落实到具体目标上。谈起阿米巴经营，社长感慨万千，“由于目标是抱着一种必须要达到的心态制定的，因此通常都能实现。而且阿米巴经营模式可以让整个经营过程一目了然。阿米巴经营就是把每天的成果一点点汇总起来，是一套非常好的经营模式。”现在梶村社长正积极向其他企业推荐阿米巴经营。

SYSTEC 的最终目标是“Small Giants”，也就是“规模小没关系，但一定要做一个为社会为地球作出贡献的全球性企业”的意思。以前连年贷款，靠委托加工努力挣扎在生存线上的 SYSTEC，通过引进阿米巴经营，大大增强了企业体质，开始一步步把“梦想变成现实”。“梦想一定会实现的”，梶村社长的话语中流露出无比的自信。

三、株式会社 DISCO 的案例

● 所有企业都可以引进阿米巴经营

SYSTEC 的社长是盛和塾的学生，所以可能有人会误以为只有盛和塾的学生或者信奉稻盛哲学的企业才能引进阿米巴经营。

实则不然。任何企业都可以引进阿米巴经营。许多成功引进阿米巴经营的企业都不是盛和塾成员。这里要介绍的 DISCO 就是其中一例。该公司的案例应该对不懂稻盛哲学，但对阿米巴经营很感兴趣的读者有很大帮助。拿 DISCO 作例子的另一个理由是想告诉读者，引进阿米巴经营时，不必全盘照搬，可以根据实际情况进行局部调整。接下来的说明也是着重围绕这一点展开的。

话虽如此，DISCO 的阿米巴经营并没有完全脱离京瓷阿米巴经营的本质。“全员参与”、“透明的经营”、“人才培养”作为阿米巴经营的真谛是不可或缺的。DISCO 的推进负责人正是在深刻理解阿米巴经营本质的基础上，实现了阿米巴经营的“似是而不非”。这一点绝不容忽视。

- **事业部制组织的核算管理办法**

DISCO 是半导体切削切断设备的最大生产商，国内市场份额高达 90%。该公司改制成事业部制时，曾一度探讨过“在原有的财务会计制度下，是否很难管理各事业部的损益”的问题。如果只需把握公司整体的盈利，财务会计完全能够胜任，但如果要对每个下级组织的盈利进行管理，就必须改进现有的会计管理制度。于是 DISCO 想到了引进阿米巴经营作为管理各事业部核算的手段。

正如经营助理本部长中山勉先生所说，DISCO 引进的是阿米巴经营的制度，而非哲学理念。不过这并不意味着阿米巴经营的哲学理念是多余的。而是因为引进时，以中山先生为首的推进负责人发现，自己的企业文化已经非常接近于阿米巴经营要求的思维方式。

具体地说，DISCO 引进阿米巴经营以前，QC 活动就已得到蓬勃开展，并有了全员积极参与改善活动的土壤。这和阿米巴经营是相通的。因此，在 DISCO 看来，在现有氛围的基础上直接引进阿米巴经营的制度部分，更有利于阿米巴经营的渗透及运行。

- **为 QC 活动提供了工具**

我们也可以这样认为，在 QC 活动的基础上创建阿米巴经营模式，其实是为现场的改善活动提供了更加强有力的工具。中山先生告诉笔者："当然，在引进阿米巴经营之前，我们也有降低成本、提高收益的意识。但是不太明白具体该如何去做。"

QC 可以帮助员工找到解决问题或设定课题的办法，但在追求利润这一方面还远远不够。而阿米巴经营模式下，可以借助单位时间核算设定一个非常明确的利润目标。一旦有了盈利压力，人的思维方式就变了。如果整天要求现场员工降低成本，他们也觉得没意思。但如果换成考虑如何盈利，就会变得全力以赴，想方设法压缩组装时间或主动降低成本。而且，由于通过核算表可以很清楚地看到努力的结果，员工“盈利”的积极性也会大大提高。

- **推进信息化系统建设**

不能忽视的是，信息化系统的使用也是DISCO成功引进阿米巴经营的一个因素。决策层出于对“阿米巴经营的引进会大大增加管理时间和成本”的担心，在引进阿米巴经营的同时，积极推进信息化系统建设。

结果，信息化管理大大减少了票据处理、数据输入等管理的工作量。再加上对现有票据的活用，避免了管理成本的增加。

但最能体现引进效果的还是经营透明度的提高。引进阿米巴经营之后不久，DISCO就建立起了所有现场员工可以随时查看截至前一天的单位时间核算、销售额或费用明细的体制。通过这一体制，可以随时获取各项信息，并根据每个月的剩余天数及时调整策略。

经营助理本部经营信息部经营管理科的青木正道先生告诉笔者：“以前营业科只负责提高销售额，实际上有没有利润营业人员并不知道。即使是部长级别，也只会要求部下提高销售额，而不是利润。部长大致也知道‘从销售额和费用的关系推断，现在利润大致是这么多，还需要进一步提高’，但很难针对具体问题作出更加明确的指示。”

但在新的管理模式下，“卖给哪里多少钱，作为佣金，有多少钱从制造部门划过来都变得一清二楚”。哪怕是该公司创业以来的主营业务——有着数千个品种的磨刀石，也可以按照品种及时统计出各项数据。领导人轻而易举地掌握了各自阿米巴的销售额、费用及利润明细，通过增加销售额、削减费用、减少时间等措施大大提高了企业利润。

- **增强企业“体质”**

通过在QC活动基础上直接创建阿米巴经营，彻底实现办公信息化等措施，DISCO顺利引进了阿米巴经营模式。所有员工积极投入工作，大大增强了企业“体质”。

以前，制造部门经常抱怨场地太小，作为阿米巴独立之后，反而以“不需要这么大”为由，提出归还部分场地。间接部门也不断受到各利润中心“总部费用和事业部间接费用怎么这么高”的指责，逐步产生了核算意识。

引进阿米巴经营之前，工厂里的检品工序只是一个成本中心，只负责筛选一遍产品，费用和时间也由制造部门承担，所以比较被动。引进阿米巴经营之后，检品工序就变成了一个独立核算的阿米巴，要从制造部门的最后一道工序购买产品，根据自己的服务，加上相应的附加价值后再卖给销售部门。当看到自己的工作创造出利润后，员工开始主动采取各种改善措施。

除此之外，阿米巴经营还有许多其他的效果，可以说不胜枚举。和其他引进阿米巴经营的企业一样，DISCO 上下部门间的沟通变得更加顺畅。在日常的阿米巴活动中，上级部门可以轻易了解到下属的工作情况，并从中不断挖掘出新的人才。而且，“处在一种好的管理体制下”，对决策层本身来说也是件非常宽心的事情。

● 结合实际进行局部调整

为让阿米巴经营发挥更大的效应，DISCO 根据实际情况进行了局部调整。比如，在会议上，为了让计划进度一目了然，采用了投影方式，并使用红、黄、绿三种颜色区分业绩。另外，设置奖项营造游戏氛围，通过各种办法调动员工积极性，促使员工付出最大的努力。

接下来让我们看一下主营业务——半导体切削切断设备事业部的半成品库存计算。半导体切削切断设备的生产周期非常长，从接到订单到交货需要三个多月的时间。对于此类产品，最初 DISCO 同样根据京瓷的基本规则，不设置半成品库存，一旦使用了材料，就记入当月费用（参考第四章）。

但这种方式导致每个月的单位时间核算波动很大，投入了材料但没完成生产的月份核算很低。相反，不发生费用的月份核算就变得很高。因此，在经营会议上进行反省时，员工动辄将原因归咎于“正在生产”或“因为上个月没做完，这个月才出的货”，所以核算非常不透明。

对待此类生产周期长的产品，还有一个办法，就是按照工序把整个生产流程分成几个阿米巴，每个阿米巴工作完成时，计算其销售额。通过这种方法可以知道，产品停滞在哪道工序以及生产中是否存在浪费现象。

但 DISCO 并没有采用这个办法。而是按照产品种类（非工序）重新划分阿米巴，每种产品从第一道工序到最后一道工序都由同一个阿米巴管理。另外为了便于核算考核，设置了半成品库存，所有费用都在出货当月计入。虽然要进行复杂的半成品库存计算，但生产一台设备所需的费用、时间以及其销售额同时反映在同一个月的核算表上，有利于掌握相互间的平衡。当然也可以轻易把握单位时间核算，也更易于管理。

至于为何宁肯设置半成品库存也不按照工序划分阿米巴，中山先生这样解释：“现场的员工还是倾向于同一件事情参与到底。最终结束生产、完成出货后才会有成就感，中途断开大家都觉得很无趣。”

● 似是而不非

除此之外 DISCO 还修改了其他一些规则。比如，有些费用不让发生部门承担，而是作为公共费分摊给所有部门。但独自制定此类规则时，一定要反复探讨是否有意想不到的纰漏，随时和京瓷的顾问保持联系，请他们帮忙检查是否合理。

最初，中山先生也非常抵触修改原则。对于自己做的部分修改，他表示：“根据我们所处的经营环境，个别地方我们特意采取了和京瓷不同的做法，但这只是很小的一部分。”

他还特意强调“似是而不非”，也就是说，“独创性确实非常好，但我们也非常担心产生失误。……在这一方面，还是应该时刻注意检查是否违背了京瓷的原则。”“在实施阿米巴经营时，只要能够意识到什么地方与出发点不同，出现问题时就可以及时调整回来。”

京瓷负责 DISCO 咨询业务的顾问也表示：“中山本部长是在充分理解了阿米巴经营本质的基础上修订的规则，因此我们也非常放心。”

● 阿米巴经营的发展

DISCO 没有全面照搬，而是根据实际情况制定了一套适合自己的制度。同样，前一节中提到的 SYSTEC 也多少做了一些改动。

但他们都是在充分理解了阿米巴经营本质的基础上，探索出一套更适合自己的阿米巴经营模式。这种一丝不苟的精神进一步丰富了阿米巴经营，同时也蕴涵着创造出更加优秀的管理模式的可能。

结束语

——阿米巴经营的根本和实施

- **阿米巴经营的基本特征**

阿米巴经营，尤其是单位时间核算的各项指标，并不仅仅是管理层或经营者的管理工具，也是集结现场员工智慧的工具。阿米巴经营最根本的目的是实现全员参与的经营，是一种赋权管理模式。

与其说阿米巴经营的各项指标是以数字的形式把握现场状况，并由经营者在此基础上作出判断、采取行动的工具，不如说是现场员工亲自把握现状并在此基础上采取行动的管理方法。所以，各项指标必须是便于现场员工理解的指标。基于此，阿米巴经营模式更注重是否通俗易懂，而不是作为管理制度是否完美。最典型的一个表现就是采用所有人都理解的家庭收支簿的形式进行损益计算，而在其他大多数企业，只有部分具有专业知识的人才会计算。

谈起全员参与式经营，很容易让人联想到 QC 活动或

TQC。从吸纳现场员工智慧这一点来看，阿米巴经营和这些管理手法有很多相似的地方。但两者之间也有很大区别。大多数QC活动的自发性只是表面文章，而阿米巴经营模式下，员工把这种改善切实当成了自己的工作。而且，QC活动重视的是质量、良品率、交货期等指标，而阿米巴经营追求的是公司整体创造的附加价值。从这一点来讲，阿米巴经营模式下，赋予现场员工的权限更大。可以说，阿米巴经营实现了真正的全员参与式经营。

- **实现阿米巴经营的基本条件**

阿米巴经营并不是单纯的利润管理手段，而是实现全员参与的经营方式。当然，光靠单位时间核算衡量现场业绩是无法实现参与式经营的。参与式经营的实现需要一定的条件，我们关注的主要有以下五点。在序章里，笔者提到过阿米巴经营是一种赋权式经营模式，正是因为具备如下这些条件才实现了有效的赋权。

第一个条件是企业内部的信任关系。作为经营者，要相信员工的能力，抱有企业发展需要依靠员工智慧的姿态。同样作为员工，必须抱有自己的努力和智慧关系到企业、客户甚至自己的长期利益的信念，只有这样才能实现全员参与式的经营。无论是经营者还是员工，必须把经营建立在互相信任的基础之上，这也是实现阿米巴经营的最基本的条件。

如果缺乏这一条件，就无法把一些重要的经营信息公布给员工。在一种总担心企业信息遭到泄露的疑神疑鬼的状态下，是无法实现全员参与式经营的。员工不是单纯用来利用的工具，而是经营共同体中的一员，领导人必须要有这样的姿态。正是基于这一点，京瓷的阿米巴经营并没有把阿米巴的业绩和员工的金钱报酬挂钩。

阿米巴经营成立的第二个条件是数据的严谨。如果做不到这一点，阿米巴经营就无法真正发挥作用。保证数据严谨的关键是经营者严肃认真的态度。经营者只有踏踏实实、认认真真进行经营，才能实现阿米巴经营。各阿米巴对待数字必须要有严谨、追究到底的精神。有了这种严谨和追究，才能发挥员工智慧，实现阿米巴经营。当然，如果只对员工提这样的要求，那阿米巴经营是长久不了的。全员参与式经营，并不是把经营扔给现场不管。阿米巴经营对经营者来说是一种非常“辛苦”的制度，不适合想借此偷懒的经营者。

以上也可以说是阿米巴经营成立的基本条件，但仅有姿态和决心还远远不够，还需要以下几点窍门。

- **阿米巴经营的创意**

阿米巴经营成立的第三个条件是及时把数字反馈给现场。

阿米巴经营是一种让现场员工根据数字作出判断、采取措施的制度。因此，必须及时把数字反馈给现场。如果等到一切无法挽回的时候，再把数字反馈给现场并追究现场的责任，会严重打击现场的积极性。因此，必须建立一种能够及时把数字反馈给现场的体制。

第四个条件是，时常检查阿米巴的编成是否符合工作特性（尤其是工作流程）。现代企业经营越来越重视灵活性和速度。如果阿米巴的分割和工作特性不符，就有可能在某些环节出现差错或无法灵活处理发生的问题。因此，如果发现有比现在更利于发挥阿米巴潜力的编成办法，要毫不迟疑地进行分裂或合并。而且这项工作要由熟知现场的阿米巴领导人来做。为了保证阿米巴经营的正常运行，必须反复检测阿米巴状态，根据需要灵活改变阿米巴的编成。

第五个条件是员工教育。现场员工如果缺乏一定的知识，就无法根据经营数字发现问题并找到合理的解决方式。这就需要基于实际案例加强现场教育，高层管理人员或经营者要有和阿米巴成员一起解决问题的姿态。尤其在引进的初级阶段，这种教育必不可缺。把经营扔给现场撒手不管，是无法实现真正的全员参与式经营的。同时，各阿米巴之间应该学会分享解决问题的智慧。

前一章中已经说过，阿米巴经营同样适用于京瓷以外的其他企业。但必须是在这些条件都具备的前提下。尤其是前两条，如果不具备这两条，就不适合推行阿米巴经营。

- **日益普遍的全员参与式经营**

当然，每个企业的经营氛围或环境不尽相同，这就需要适当的调整经营方式。每个企业都要根据实际情况进行变通。实际上，虽然名字不是阿米巴经营，或者没有采用单位时间核算制度，但让一些小规模的组织单位承担利润责任的经营制度在许多国家都很普遍，这也就是我们所说的小型利润中心。

比如德国某汽车生产商在QC活动基础上，进一步引进了集体利润责任制度。除此之外，德国某精密仪器生产商为了进一步明确小型组织单位的利润责任，重新布置生产线，在各小集体之间加上隔断。在美国，美国通用汽车公司的子公司土星汽车公司（SATURN）通过以现场为主导的参与式经营，取得了巨大的成就。

另外，在日本，除京瓷和引进阿米巴经营的企业之外，采用独特办法设置利润中心的企业日益增多。参考文献中列举的埼玉NEC、幸田索尼、美浓加茂索尼、三洋化成、软银、大阳工业、前川制作所等，也通过赋权大大提高了企业利润。今后，把利润责任或附加价值责任下放给现场，充分发挥现场员工智慧的全员参与式经营将会日益普遍。

后记

本书的问世完全得益于以下众多人士的鼎力相助。在此向各位表示由衷的感谢。

首先，我们要向阿米巴经营的创立者——京瓷名誉会长稻盛和夫先生表示崇高的敬意。阿米巴经营是一套非常合理且震撼人心的经营模式。本书中引用了稻盛先生的著作及演讲记录的众多内容。

另外，我们还要感谢 KCCS 的森田直行社长。森田社长多年来一直从事阿米巴经营模式制度部分的建设，不仅爽快地同意了本书的出版，而且在调查过程中也积极配合采访，给予了我们很大的帮助。

此外，该公司咨询事业本部长藤井敏辉董事、人才开发科负责人竹松健治先生不仅积极配合采访，还在百忙之中安排我们进行各类调查，在此向两位表示衷心的感谢。另外，也向其他积极配合我们采访的鹿儿岛系统开发部长渡边顺、经营咨询事业部副部长横幕功、九州咨询科负责人原田拓郎表示诚挚的谢意。

配合我们采访和调查研究的还有京瓷精密陶瓷事业本部部长中村升常务、太阳能新能源事业部部长手冢博文、研究企划部长宫田秀典、鹿儿岛国分工厂副厂长永田龙一、半导体零部件第二事业部长前耕司、国分叠层G管理科负责人肝付弘幸、PGA制造科中村健次、机构零部件事业部制造科负责人龙原次雄、会计科负责人田熊道由、经营管理科一科负责人山下义治、生产管理系负责人宫地和弘、京瓷ELCO株式会社董事兼国内第二营业部长佐佐木武夫等，在此一并表示衷心的感谢。

我们还参加了KCCS主办的阿米巴经营研究会，聆听了京瓷会计部长石田秀树、经营管理部长和泉政义、滋贺物流科水谷敏之、KCCS福井诚常务等的演讲，并将以上各位的部分演讲内容也收录在了本书中。

此外，我们还得到了事例介绍中提到的株式会社SYSTEC的梶村武志社长、管理本部长中村茂、生产本部本部长代理守屋伸吾、制造部部长代理诸田秀幸、制造部第一科长三浦洋一、第二科长水谷克彦、第三科长清水常宏，以及株式会社DISCO董事经营助理本部长中山勉、经营管理科主事青木正道的大力协助。

对以上诸位的采访远远超出了我们的预想，他们的访谈深深触动了我们，诸多感激之情不知如何表达，只有由衷地说一声："谢谢你们！"最后，向钻石社出版局黑木荣一先生表示感谢，感谢他在本书出版过程中给予的帮助。

延伸阅读

《思维方式》

所谓“思维方式”就是我们所持有的思想、哲学，或称为理念、信念也可用人生观、人格表示，也可称为“人生态度”。稻盛和夫坚持作为人应该有正面的“思维方式”的哲学，从而追求人的无限的可能性。

《稻盛和夫的哲学》

稻盛和夫思想的具体呈现。用浅显易懂的语言，从心智、欲望等多个维度深入探讨了“人为什么活着”这一哲学基本命题，并由此展现作者深刻的人生与经营智慧。

《心法之肆：提高心性 拓展经营》

稻盛和夫的处女作，回顾了在50　年的经营管理过程中，所经历的种种困难和获得的经验教训，综合阐述了其哲学思想。最终提出了“提高心性拓展经营”是人生和事业的追求。

《心与活法》

稻盛和夫用丰富的人生和企业经营经历阐释何谓“心态决定命运”。全书分为三部分：度过美好人生，心与经营，人生哲学是我的精神支柱。强调心态一改天地宽，改变心态不仅可以重塑自己，也可以决定事态的发展。领导人必读。

《日航的奇迹》

稻盛和夫亲自推荐。在稻盛和夫身边做了二十几年秘书的大田嘉仁执笔，真实记录了日航重建的全过程，阐释出了其中蕴含的经营与人生的真谛。更是给广大读者展示了一个稻盛哲学践行的鲜活案例。

《稻盛和夫自传》

稻盛和夫亲笔撰写的唯一传记。由曹寓刚和曹岫云共同全新翻译。全书以稻盛和夫的人生经历完整再现稻盛哲学，思维方式决定人生，京瓷阿米巴的生成路径。

延伸阅读

《心法之贰：燃烧的斗魂》

“燃烧的战魂”是稻盛先生一直提倡的“经营十二条”中的第8 条。他在书中探究了“人心究竟拥有多么强大的力量”，也就是人生应有的状态。

《创造高收益》

实现高收益是所有企业家的梦想。稻盛和夫通过经营问答，阐述了一套有效实现高收益的经营方法，而且这一高收益是高于10%。

《京瓷哲学：人生与经营的原点》

本书是稻盛和夫的“想法”和“活法”的原点，汇集了其八十多年来的经营活动和人生旅程的精华。

《稻盛开讲6：企业摆脱经济危机的五大方略》

本书以美国爆发的“次贷危机”为切入点，谈到了企业家在经营活动中应该采取的方式方法与处世态度，以及在面对经济低迷时应该采取的对策方略。

《创造京瓷的男人：稻盛和夫》

全方位呈现稻盛和夫的成长和创业之路，是一本“人性之书”。

《阿米巴经营导入手册》

以引进阿米巴经营的三家企业为例，阐释何谓阿米巴经营、该如何引进和运用、导入前后发生的何种变化，清楚勾勒出阿米巴经营导入的路径。

图书在版编目（CIP）数据

稻盛和夫的实学. 阿米巴模式 / (日) 三矢裕, (日) 谷武幸, (日) 加护野忠男 著；刘建英 译.
— 北京：东方出版社，2013.5
ISBN 978-7-5060-6342-5

Ⅰ.①稻… Ⅱ.①三… ②谷… ③加… ④刘… Ⅲ.①企业管理—经验—日本—现代 Ⅳ.
①F279.313.3

中国版本图书馆CIP数据核字（2013）第108062号

稻盛和夫的实学：阿米巴模式
（DAOSHENGHEFU DE SHIXUE:AMIBA MOSHI）

作　　者：［日］三矢裕　谷武幸　加护野忠男
译　　者：刘建英
审　　译：曹岫云
责任编辑：贺　方
出　　版：东方出版社
发　　行：人民东方出版传媒有限公司
地　　址：北京市东城区朝阳门内大街166号
邮　　编：100010
印　　刷：北京文昌阁彩色印刷有限责任公司
版　　次：2013年6月第1版
印　　次：2025年2月第26次印刷
印　　数：116001—119000册
开　　本：880毫米 × 1230毫米　1/32
印　　张：7
字　　数：125千字
书　　号：ISBN 978-7-5060-6342-5
定　　价：32.00元
发行电话：（010）85924663　85924644　85924641

稻盛和夫的实学

经营与会计

［日］稻盛和夫 著
曹岫云 译

人民东方出版传媒
People's Oriental Publishing & Media
東方出版社
The Oriental Press

图书在版编目（CIP）数据

稻盛和夫的实学. 经营与会计 / (日) 稻盛和夫 著；曹岫云 译. — 北京：东方出版社，2013.5
ISBN 978-7-5060-6346-3

Ⅰ. ①稻…　Ⅱ. ①稻… ②曹…　Ⅲ. ①企业管理—会计—经验—日本—现代　Ⅳ. ①F279.313.3

中国版本图书馆CIP数据核字（2013）第107753号

稻盛和夫的实学：经营与会计
（DAOSHENGHEFU DE SHIXUE:JINGYING YU KUAIJI）

作　　者：［日］稻盛和夫
译　　者：曹岫云
责任编辑：贺　方
出　　版：东方出版社
发　　行：人民东方出版传媒有限公司
地　　址：北京市东城区朝阳门内大街166号
邮　　编：100010
印　　刷：北京文昌阁彩色印刷有限责任公司
版　　次：2013年6月第1版
印　　次：2025年2月第41次印刷
印　　数：296001—302000册
开　　本：880毫米 × 1230毫米　1/32
印　　张：5.875
字　　数：106千字
书　　号：ISBN 978-7-5060-6346-3
定　　价：32.00元
发行电话：（010）85924663　85924644　85924641

推荐序
企业持续发展的要诀

《稻盛和夫的实学：经营与会计》这本书虽然篇幅不长，但却是稻盛先生的一本很重要、很有分量的著作。我在接受东方出版社委托、认真翻译这本书的过程中，一方面，对于毕业于理工科大学、技术员出身、以发明新材料、开发新产品起家的稻盛先生，居然能够在财务会计领域中独树一帜，创造出一整套精细而实用的会计原则，禁不住由衷的敬佩。另一方面，我觉得对于每一位想要认真经营企业的经营者而言，本书中稻盛先生归纳的“会计七原则”，可谓条条精辟、字字珠玑，同时也是我们经营者正确经营企业的指针。

同时，“会计七原则”也是引进“阿米巴经营”的前提。事实上凡是引进阿米巴并最终取得成功的企业，无不贯彻执行了这七条原则。

应日本政府的邀请，2010 年 2 月 1 日，78 岁高龄的稻盛先生作为新任董事长来到日航。让他大为吃惊的是，日航这么一个巨型公司，虽然人才济济，但是经营层居然不懂，甚至也不重视会计。会计报表要迟三个月才统计出来，出来的也只是“盖浇饭”式的笼统数据。他们不晓得经营企业必须依据正确、及时地反映企业真实状况的数字，正如飞行员驾驶飞机而不看仪表盘一样。稻盛先生认为，这样的经营者连一家“蔬菜铺”也经营不好。于是，在向日航注入灵魂——正确的经营哲学的同时，让日航的干部学习经营的实学——简明的会计原则，就成为重建日航的当务之急。哲学、实学双管齐下，见效之快令人惊叹不已。不到半年，日航就开始大幅度扭亏为盈。到 2010 年底，也就是稻盛先生进日航短短 10 个月内，就创造了日航历史上空前的 1 580 亿日元的巨额利润。从 2011 年 4 月起，日航还将全面推行基于“稻盛和夫的实学”的“阿米巴经营”模式，我相信日航将会更加健康地发展，成为世界上最优秀的航空公司。

重建日航是稻盛哲学和实学的一次历史性的伟大实践，全世界万众瞩目。

破产企业要起死回生，成功企业要持续发展，最重要的因素是什么呢?

每位企业家都希望自己的企业长盛不衰。那么，企业长期持续发展的前提是什么呢?

那就是企业经营者必须不断地做出正确的经营判断。因为只有基于正确的判断，才能采取正确而坚决的行动，才能把企业经营得有声有色。而企业一旦判断失误，特别是在重大问题上判断错误，企业就会遭遇严重挫折，甚至从此一蹶不振。这样的事例，不胜枚举。

那么，企业经营者怎样才能不断做出正确判断，怎样才能避免重大的判断失误呢？

这里有两条基本原则。

第一条，经营者必须具备正确的判断事物的基准，并且这种判断基准要为全体员工所共有。

测量物体的长度，尺是基准；测量物体的重量，秤是基准。那么判断事物的基准是什么呢？用稻盛先生的话来说，就是“作为人，何谓正确”；用王阳明的话来说，就是“良知”。违背良知的判断，即使一时得逞，最终必将失败。这样的道理，知易行难，在《活法》、《干法》等著作中稻盛先生都有精彩的论述。

第二条，经营者必须通过具体的数字正确而及时地掌握企业各个部门以及企业整体的真实状况。

具体该怎么做呢？在本书第二章的“一一对应的原则”、第三章的“筋肉坚实的经营原则”、第五章的“双重确认的原则”、第六章的“提高核算效益的原则”和第七章的“玻璃般透明经营的原则”中都有精确而详尽的论述。

翻译这本书，我最深切的感受是：稻盛先生不愧为“实事求是”的模范。从实际出发，以真实情况作为判断的基础，而这个“真实”是确凿的、即时的、明确的、细致的、全面的、整体性的、无懈可击的、无可挑剔的真实。从这样的“真实”中才能探究事物的本质，才能把握住真理。从这个意义上讲，稻盛先生是彻彻底底的唯物主义者，是科学精神的典范。

良知与科学的结合，纯粹的理想主义和彻底的现实主义高度完美的结合，这就是稻盛和夫的哲学和实学，稻盛先生的成功是不可阻挡的。

稻盛和夫（北京）管理顾问有限公司董事长　曹岫云

序言
现代的经营迫切需要会计学

从20世纪80年代后期开始，日本许多经营者被泡沫经济的狂潮所裹挟，失去理智，一再重复过度的投资。

这样的泡沫经济理所当然地破灭了。从20世纪90年代初期开始通货紧缩，其结果是，金融、建设、房地产等几乎所有行业，不良资产大量出现，日本经济深陷涂炭之苦。

在这期间，日本的经营者们干了些什么呢？认真反省、从根本对策上下功夫的人很少，大多数经营者忙于隐瞒不良资产，掩饰业绩的恶化。这样做就使日本的企业经营变得很不透明，催生了许多舞弊丑闻，因而丧失了国际信用。

我认为，日本的中小企业乃至大企业的经营者们，如果他们都能光明正大地经营企业，如果他们能正确理解企业经营的原点——“会计原则”，那么，无论是泡沫经济还是其后的经济萧条都不至于达到那么严重的程度。

到20世纪80年代前期为止，日本经济一味高速增长，企业经营似乎只要简单地仿效前例就行。然而，日本周围的环境发生了很大变化，日本经济进入成熟期，持续增长的神话告一段落，并且日本经济需要融入复杂的全球化经济之中。在这样的时代，经营者必须正确把握自己企业实际的经营状况，在此基础上做出准确的经营判断。而要做到这一点，前提就是要精通会计原则以及会计处理的方法。

然而，如此重要的会计和会计原则，日本的经营者以及企业的经营干部却不予重视。说到会计，一般人都认为，它不过是将经营过程中所发生的金钱、物品的单据收集统计而已，它不过是一种过后的事务处理而已。

有的中小企业经营者认为，自己不需要懂会计，反正只要把每天发生的有关单据交给税理师和会计师，他们会做出需要的财务报表，这就行了。自己只要知道最终结果："企业的利润是多少"、"得缴纳多少税金"，至于会计处理的方法，交给这些专家就行了。甚至有人认为，会计数据可以根据自己的需要人为地操作。

我27岁时创建了京瓷，从零开始学习企业经营，在这个过程中我意识到一个重要的真理，就是会计将成为"现代经营的中枢"。因为经营者必须正确掌握企业活动的真实状态，才有可能带领企业长期持续地发展。

如果想认真经营企业，那么经营数据决不允许有任何人为的操作，它必须反映企业经营的实态，它必须是唯一的真实。损益表和资产负债表的所有科目、所有细目，其数字都必须完整无缺，任何人检查都没有任何差错。它必须百分之百反映企业经营的实态。

为什么？因为这些数字可以比喻为飞机驾驶舱仪表盘上的数字，它起到重要的导向作用，它指引经营者正确无误地达到预定的目的地。

基于这种观点，我让财务部门做好经营资料，然后根据资料上的数据经营企业，而其结果就是京瓷和第二电电的持续稳步发展，甚至在泡沫经济时期也未受影响。现在回头来看，在京瓷创业时，正因为我对会计一无所知，我才开始学习，并在我自己的经营哲学——追求做人的正确准则——基础之上，确立了“会计的原则”。可以说这是京瓷和第二电电成功的重要原因。

我并非会计学专家，但是，我自学自创的会计学原则，对于正陷于困境、不知怎么做才好的经营者、企业干部来说，或许有参考的价值。为此，我将这些原则汇编成册。

本书是从会计的角度来表述我所思考的经营的要诀和经营的原理原则。在表达上或许稍有过激之处，如“不懂会计怎能经营企业！”出版该书就是想表达我的这一观点。特别在这个混迷的时代，我发自内心大声疾呼。我希望人们理解我焦急的心情，理解我叱咤一般激励的言辞。本书是直接为经营服务的会计学，我希望，有更多的人认真阅读后，能够把他们的企业经营得更加出色。

另外，写作本书依据的基础资料，是已故原京瓷公司财务部长（原监察担当）斋藤明夫为培养年轻干部而总结的经验。我再次对斋藤明夫所付出的努力表示由衷的感谢。

最后，我还要对为本书出版做出帮助的日本经济新闻社出版局编辑部的波多野美奈子、西林启二以及本公司经营管理本部长石田秀树、关联公司教育本部副本部长高桥幸男、秘书室长大田嘉仁、经营研究课木谷重幸表示感谢。

稻盛和夫

前言

从泡沫经济破灭开始，已经过去了约10年，在笼罩整个日本的经济萧条的阴云中，终于透出了一线曙光。经济景气从谷底开始上升，此时，日本经济新闻社希望出版拙著的文库版，我想这个计划正合时宜。

是什么招致了日本的泡沫经济？又是什么使得日本在泡沫经济破灭后的经济萧条持续了那么长的时间？我认为，主要原因在于企业经营者的“思维方式”。从这个意义上说，20世纪末的日本经济萧条向世间的经营者提出了一个严肃的课题：“经营者到底应该具备怎样的思维方式？”“企业经营的原理原则究竟是什么？”

本书1998年10月第一次出版，当时日本经济还没有从萧条中摆脱。这本书的内容，是我在经营京瓷的过程中，一点一滴亲手摸索出来的经营原理原则。在此之前，我原本只是一个工程师，对企业经营完全是一个外行。

此后，许多读者来信说“深合我意”、“很有同感”、“恍然大悟”。同时，在经济界也有很多人直接或间接表示了对我观点的赞同。很幸运，作为一本经营管理的书籍居然异常畅销。

我期待更多的经营者、管理者阅读这本书，使本书成为他们日常经营企业时的参考。

稻盛和夫

写于酷暑中的京都伏见

目录

一一对应原则，不仅作为会计处理的方法必须严格遵守，而且它还规范了企业及其员工的行为，在实现玻璃般透明的经营上发挥着重要作用。无论从内部看还是从外部看，企业及员工都不能有舞弊的行为。

如果要塑造一个本质上强壮的企业，经营者就必须具备坚强的意志，借以克服如下的诱惑：把自己和企业打扮得比实际情况更好看。

第四章　贯彻完美主义

不允许暧昧和妥协，所有工作都要追求完美，达到每个细节。这是在企业经营中应该采取的基本态度。

第五章　用双重确认的办法保护公司和员工

工作光明正大，在透明的空间中进行。这不但能使工作人员不发生意外事件，同时可以提高业务本身的可信度，保证公司组织的健全性。

序章

我的会计学思想

一、我的会计学是怎样诞生的

● 我的经营原点和会计

在有关朋友热心支持下成立京瓷时，我只是一个 27 岁的工程师，没有经营企业的经验。但是，在这之前就职的公司里，我负责过从新产品开发到商品化的所有环节的工作。当时我想，开发新产品，将它投入生产，再在市场上销售，这三件事我或许都能够胜任。

但是关于“会计”我却一无所知。第一次看资产负债表，右手边的“资本金”是钱，左手边的“现金、存款”也是钱。于是我想“把钱分在两手上，左右两边就都有了”，就这么无知。创业之初，无论对于会计还是对于经营我一点都不懂。

当时，我所能做的，只有全身心地投入工作。但是既然我当了经营者，公司的各种事情，部下都要来请示我，等待我的判断。同时京瓷是一个刚刚诞生的弱小企业，一旦判断失误，公司可能立即倾覆。究竟应该以什么作为判断的基准？究竟应该怎样来经营企业？我烦恼不安，夜不能寐。我想，在企业经营的过程中，如果做了不合道理的事，做了违反道德的事，那么，经营一定不会顺畅。既然如此，加上我又缺乏经营的知识，那么一切事情都对照原理原则进行判断吧。对于面临的每一个问题，“对，必须这样做才对！”我决心用自己内心认可的正确方法开拓前进的道路。我决心恪守原理原则，就是说，在世人公认的、正确做人的基础之上展开经营。

现在回头来看，当初未曾接触经营常识反倒是幸事。有关经营的一切事项，我都要从头开始理解，在自己内心认可以后才做出判断。这样，我就能时常思考企业经营的本质，思考所谓正确的经营究竟应该是怎样的。

“会计”也完全一样。因为我总是不断思考会计的本质，所以当实际结算的数字与我的预计不一致时，我马上要求财务人员做出详细的说明。我要知道的，不是会计和税务教科书上的那种说教，而是会计的本质，以及在其中发挥作用的原理。但是，财务人员却往往不能给我满意的解答。他们说“会计就是这样规定的”，我却问“那是为什么？”我不断追问，直到我能理解、接受为止。

• 与财务部长争论交锋中产生了我的会计学

京瓷创建后第八年，进入公司的斋藤财务部长，对于我的会计学的形成发挥了重要作用。当时他已经 50 岁，曾在二战前就成立的一家历史悠久的企业担任财务工作，积累了丰富的经验。而我当时只有 35 岁左右，是技术出身的经营者。

当时京瓷的规模还不大，在他进公司的前一年，即 1967 年 3 月期结算的年销售额是 6.43 亿日元，税后利润是 1.02 亿日元。

刚进公司时，他和我之间总是意见对立，常常发生激烈的争论。在他看来，我是财务方面的外行。尽管我是社长，但他对自己相信的事情不肯轻易让步。

但是，不管多么小的事情，只要我有疑问，就毫不客气地向他提出："为什么要使用这样的票据?""从经营的立场上应该这么做才对，为什么在财务上却不这样处理?"刨根问底，反复追问"为什么?"他勉强答道"反正会计就是这样的"。我却不罢手："这种回答没有说服力。不能回答经营者想知道的事情，这样的会计没有价值。"直到他的解答能说服我接受为止。

最初他对我这样提问一定感到惊奇、不可思议。作为财务专家他很自负，对他而言，我或许是提出了一系列难以想象的难题怪问，他内心一定认为我这个外行是无理取闹，难为他。但过了几年，他的态度突然转变，开始很认真也很诚恳地听取我的意见。“正确的经营应该是怎样的”，我从这一角度谈及有关会计的观点，他深刻理解、真心接受了。他主动汲取过去从未接触过的观念。后来我问他转变的原因，他说他意识到“社长所提的问题都直逼会计的本质”。

为了把自己领会的要点传授给其他会计人员，他举办了多次学习会。后来他还总结出一本《京瓷会计规程》，这一规程京瓷一直沿用至今。在规程开头，他把在和我争论中学到的会计本质称为“从京瓷哲学中诞生的会计思想”。

此后，他以京瓷财务部长的身份参与了公司股票上市，参与了在美国发行股票（ADR），见证了京瓷的高速增长。在这过程中，他是我的好帮手，他把京瓷的会计系统改进得更为精致。

京瓷快速成长，到 1998 年 3 月年总销售额已超过 7 000 亿日元，并正在以总销售额 10 000 亿日元为目标发展事业。同时，1985 年创立的第二电电总销售额已经超过 10 000 亿日元。

在这过程中，我遭遇到各种财务和税务上的问题，我都依据自己的经营哲学，从正面解决。对每一个具体事件我都深入思考，直到能说服自己为止。会计、财务本来应该是怎样的，会计管理应该是怎样的，我都有了自己独特的见解。

这样形成的会计学，和京瓷独创的“阿米巴”经营管理模式一起，渗透到企业内部，成为京瓷快速成长的原动力之一。

二、我的会计学的基本思维方式（追究事物的本质）

在这里，我要说明我基本的思维方式，也就是我的经营学、会计学的出发点。

● 依据原理原则追求事物的本质，以“作为人，何谓正确”进行判断

在对事物做出判断时，要追溯到事物的本质。同时，要以做人最基本的道德、良心为基础，把做人何谓正确作为基准进行判断，这是最为重要的。从 27 岁开始经营企业一直到现在，我一贯秉持这样的思维方式开展经营活动。我所说的做人的正确准则，就是孩童时代，乡下的父母亲常说的“这种事可做”和“那种事不可做”。就是小学、初中时，老师教导的“善恶”等极为朴实的伦理观。简单地说，可以用公平、公正、正义、勤奋、勇气、博爱、谦虚、诚实这些词汇来表述。

在经营活动中，在考虑所谓的战略战术之前，我首先考虑“作为人，何谓正确”，以此作为判断的基准。

凡事都不追究本质，只是跟随所谓的常识，那么就不需要自己负责思考判断。或许有人认为，只要随大流，与别人做相同的事就没有什么风险，反正不是什么大问题，不必那么较真、那么深入地思考。但是，只要经营者有一点这样的念头，我所说的依据原理原则的经营就不可能实行。不管多么细小的事情都要追溯到原理原则，彻底地思考。这或许伴随极大的劳力和辛苦，但是，只有把任何人看来都正确的原则作为判断的基准，并且只有持续这么做，才可能在真正的意义上实现合理的经营。

在经营的重要领域——会计领域——情况完全一样。不是盲目地去凑合会计的常识和习惯，而是要追问什么是问题的本质，回归会计的原理原则进行判断。为此，我从不轻率相信一般公认的所谓“适宜的会计基准”，而是站在经营的角度，有意识地追问“为什么是这样”和“什么是它的本质”。

• 用原理原则判断如何折旧

在会计领域如何依据原理原则进行判断，我想用固定资产折旧年数为例来说明。

比如，问财会人员：“购买机械设备为什么要考虑折旧?”“机械设备使用时并不改变形态，这与原材料不同，原材料会改变形态，变成产品。因此，可以用上几年的机械设备作为费用一次性打入成本不合理。”

“那么，不停地使用，等报废时再一次性打入成本显然也不合理。所以正确的做法是，确定机械设备能够有效工作、正常生产产品的年数，在这一期间内分摊该机械设备的成本。”这样的回答可以接受。

但是在会计常识上，按照所谓“法定使用年数”计算使用年数，即对照日本大藏省颁布的折旧年数一览表来决定设备的折旧年数。

按照这份一览表，新型陶瓷粉末成型设备归属“陶瓷器、黏土制品、耐火物品等制造设备”一项，使用寿命规定为十二年。根据这一规定，用于硬度极高的新型陶瓷粉末成型、因而磨损极快的机械设备也要折旧十二年。与此相比，加工砂糖和面粉、磨损并不厉害的设备却归入“面包及糕点制造设备”一项，使用寿命为九年，比新型陶瓷设备的还要短。

这一规定令人难以接受。按不同设备的正常使用寿命来分摊费用理所当然，但实际上却要按所谓“法定使用年数”折旧，对这种明显不合理的规定，经营者岂能泰然接受。

法定使用年数是重视“公平课税”的税法中规定的，它并不承认不同企业的不同状况，而规定了“一律公平”的折旧年限。按照我的经验，新型陶瓷设备如果二十四小时连续运转，即使精心地维护保养，至多也就能使用五六年，因此折旧年限应该按设备能够正常使用的年数来确定。

但是，财务、税务专家们却说：“即使在结算处理上按六年折旧，但因税法规定必须十二年折旧。所以，如果那样做，前面六年折旧费增加，利润减少，但计算税金时又要按法定使用寿命十二年折旧，结果是利润减少税金却不减，变成了有税折旧。”他们或许认为：“税务上的使用年限是法定的，大家都在遵守。标新立异，做与众不同的事并不聪明，实际处理上折旧计算作两本账也太麻烦。”许多经营者在专家们这类意见面前退缩，“是这么回事啊，那就算了”。

但是，就算实务上常识是这样，根据经营和会计的原理原则，即使是付税也应该折旧。只能用六年的设备却要花十二年折旧，就是对不能再使用的东西继续折旧，就是说实际使用的六年中折旧金额太少，把剩余部分放到后面的六年中折旧。

“事实上发生的费用不打入成本，从而增加当期利润”，这种做法既违反经营原则也违反会计原则。每年若无其事这么做的企业不会有前途。只是消极地遵从所谓“法定使用年数”的惯例，就会忘记“折旧到底是什么？”“经营上应该怎样判断才对？”这种本质性的问题。

所以，在京瓷不依照法定使用寿命折旧，而是根据设备的物理寿命、经济寿命进行判断，确定“自主使用寿命”，依此折旧。具体来说，大致是法定寿命的一半，即四至六年。变化特别迅速的通信机械设备，税法使用年限为十年，我们也将其大幅缩短。在会计上实行所谓“有税折旧”，税务上按税法上规定的使用年数另外计算折旧。

● 判断基准不拘泥于常识

常识往往强有力地支配着人心，关于这一点，我想以自己年轻时经历过的实例作说明。

过去“票据贴现押金存款和套利存款”非常普遍。1959年京瓷创立之初，每当在银行贴现支票时，理所当然，都要被强制存进一定比例的“票据贴现押金存款”。这是因为银行贴现票据时如果遭拒付，银行不会承担风险，公司必须自己承担拒付支票的风险。但是，银行又担心我们不依约买回拒付票据，作为担保，就强制性采用“票据贴现押金存款”。

这种做法是为了预防银行风险，这点可以理解。但这种强制存款随贴现票据越积越多，哪怕超过了票据的贴现金额，仍要继续强制存款。当公司内部讨论银行要求提高强制存款比例时，我提出这种强制存款的做法难以接受。但以财务人员为首、周围的人都笑我，强制存款是常识，我质疑常识就成了“非常识”，没有人把我的意见当回事。

但不久后，这种票据贴现押金的强制存款和套利存款都被废止了，因为它遭到批评，同时被认为是银行为提高自身收益的不公正举措。这件事给了我很大的自信：“无论是什么常识，道理上不对的事，最终世人还是会明白并承认它不对。”

另外，相对于销售额，在销售费用、一般管理费用的比例上，也有对所谓常识的迷信。比如某行业，销售费用、一般管理费用占销售额的15%，这是常识，因为行业内各企业的销售组织、销售方法都大体雷同。

因此，新入行的企业就以相对于销售额15%的销售费用、一般管理费用为前提开展经营。这样，不知不觉，这家新企业就与其他企业趋于雷同。只是模仿别的企业，这就等于自动放弃了从根本上思考重要的经营课题的机会：“为了更有效地销售本公司的产品，究竟应该采用怎样的销售组织、销售方法呢？”

不仅如此，“这种行业、这种规模，税后的销售利润率也就是百分之五六”，如果被这种常识框住，无论如何，结果利润率只能停留在那个水平上。奇怪的是，尽管每年工资都上升，却仍能维持这样的利润水准，但要超越这种水准，却怎么也做不到。

这些例子说明，所谓常识很容易束缚人们的头脑，尽管过后想起来会觉得不可思议。

当然，我并不是说要从根本上否定常识。问题在于，本来在一定条件下才成立的“常识”被当成了永远正确的东西，囫囵吞枣，生搬硬套。在不断变化的经营环境中，不被这类“常识”捆住手脚，而是透视事物的本质，不断做出正确的判断，非常必要。

以上所述，是我最基本的思维方式，可以说是我思想的出发点，也是我在经营中思考一切问题的基础，当然也是在会计领域中必须贯彻的思想。

三、我的会计学和经营

前一部分中阐明了我的会计学的基本思维方式。会计归根到底是经营的一个领域，下面我想明确企业经营中的重要原则与会计的关系。

● 销售最大化、费用最小化

京瓷创立不久，我对会计还一无所知。我问财务人员："这个月的结算怎么样？"他罗列许多难懂的词汇做出说明。我不明白会计术语，据说利润就分几种，分别有增有减。

我向面有难色的财务人员反复发问，最后我说："明白了，简单说，销售减去费用剩下就是利润。那么，只要销售最大化、费用最小化就行了，这样，你说的各种利润无疑都会随之增长。"财务人员说："你这么说不错，但也不能讲得太简单。"但在那一瞬间，我却明白了"销售最大化、费用最小化”就是企业经营的原点。

经营者无不追求利润，但许多经营者认为，要增加销售额势必增加费用。这就是所谓的常识。但是，如果把“销售最大化、费用最小化”作为经营的原点，那么，在增加销售额的同时，不是增加费用，而是保持费用不变，可能的话还要降低费用。我意识到这样去经营才更合乎道理。

增加销售额的同时还要降低费用，这不是随便就能做到的，这里需要智慧、创意和努力，利润只是作为结果产生出来。

• 定价即经营

销售额是收益的源泉，要把销售额最大化，关键是定价。有的经营者或许认为，产品定价之类的事，委托给负责销售的董事或部长就行了。但我认为“定价即经营”，一定要强调定价的重要性。定价不仅是为了好卖或为了容易获取订单，而是决定企业生死的关键。制定价格必须使买卖双方都满意，定价是一项极为重要的工作，最终应该由经营者做出判断。

京瓷创业时，为电子机械厂家提供电子零部件，电子零部件这个行业，新企业很多，竞争激烈，当时的京瓷没有名气，客户不断向京瓷提出苛刻的降价要求。一旦出现竞争的产品，就被放在天平上比较，被要求彻底降价。而且每年都下调价格，这样，销售人员为了获得订单，就只能一味降价。

这么做企业将无法生存。我向公司销售部门反复强调："做生意，只要减价谁都会，但那不是经营，必须找到一个临界点，就是客户愿意接受、乐意购买的最高价格。比这个价格低，很容易拿到许多订单；比这个价格高，订单就跑了。"看透客户乐意购买的最高价格，以这一价格销售，这样的定价与经营成果直接相连，极为重要，决定这个价格应是经营者的工作。就是说，销售额最大化，就是单价与销量乘积的最大化。是厚利少销还是薄利多销，定价不同，经营状况也就会有很大的不同。

有时，定价失误便无法挽回。一方面，定价太低，再削减经费仍然挤不出利润；另一方面，定价过高，库存堆积如山，资金周转会发生困难。

经营企业定价如此重要，最终应由经营者亲自决定。每个产品的定价都是经营的大事。这一观点在京瓷已经深入人心，这对库存评价、收支管理系统，以及对京瓷的会计原则都有深刻影响。

● 夜间面条摊贩的经营

我常以夜间叫卖面条的摊贩为例，向公司干部讲解定价的智慧和如何努力削减费用。我常常考虑，为了培养经营者，用一个极端的方法，让他们拉着卖面条的车，在街头叫卖，或许是最有效的实习方法。

拿5万日元做本钱，送他们去实地训练：“暂时不用到公司上班，借给你一台面条车，花一个月，每晚在京都某处卖面条，一个月后这5万日元变成了多少，就是你的成绩。”

首先遇到的问题是进货。先要买进面条，可以去制面厂买，也可以买超市里的生面，还可以买干面，煮熟了卖。

其次是汤料，要做出好味道，汤料很关键，可以买很贵的鲣鱼干，也有人去削鲣鱼干的地方买鱼屑。做出同样美味的汤底，所找窍门不同，成本就不同。为做出价廉物美的面条，需要动脑筋想办法。

作为作料的“鱼糕”、“炸豆腐”、“葱”也有讲究，可去超市买，也可从工厂、农户直接进货。单单原材料进货就有各种各样的办法。

最重要的还是定价。有卖300日元一碗的，也有卖500日元一碗的。价格便宜可以多卖，但却赚不到钱。一定得找出让顾客满意的最高价格。

做这样一个摊贩也有许多选择。即便一个晚上的差距不大，一年下来差别就会很大。有人可能从摊贩发展为颇具规模的加盟连锁店，有人拉了几十年面条车仍一无所有。不是那宗生意本身的好坏，而是商人能否把生意做成功。做到正确定价，把销售额最大化，然后努力做到经费最小化，这就行了。

企业会计必须为经营者提供方便，让经营者能更有效地追求“销售最大化、费用最小化”这一经营原则，而且把其成果清楚地展示出来。这一观点贯穿于京瓷会计系统之中，这一思想在京瓷会计系统的“核算制度”中以直接的形式明白地表现出来（参照后述第一部第六章“提高核算效益的原则”）。

● 不懂会计不能成为真正的经营者

我们周围的世界看似复杂，其实本质上很简单，它遵循一定的原理原则。但这种简单的本质投影于现象界，反映出来就显得很复杂。企业经营也一样，在会计领域，看起来非常复杂的企业经营状况，如果用数据极为单纯地表达出来，就会清晰地反映出真实的状态。

如果把经营比喻为驾驶飞机，会计数据就相当于驾驶舱仪表上的数字，机长相当于经营者，仪表必须把时时刻刻变化着的飞机的高度、速度、姿势、方向正确及时地告诉机长。如果没有仪表，就不知道飞机现在所在的位置，就无法驾驶飞机。

所以会计不能仅仅在事后反映经营的结果，无论结算处理得多么正确，如果不能及时报告，经营者就无法下手协调经营。会计数据如果不能简洁并即时表达企业当前的经营状况，对于经营者来说就没有任何意义。

急速发展的中小企业突然破产就是例证。因为它们缺乏迅速、明确反映企业实际情况的会计制度，只会作笼统账，以至于导致经营判断错误，最终资金周转不灵，走进死胡同。

中小企业要健康发展，必须构筑能够一目了然地反映经营状况、彻底贯彻经营者意志的会计系统。京瓷之所以能够快速开展事业，就是因为很早就构筑了这样的会计系统，并依靠这个系统开展经营。

为此，经营者自己必须懂会计，不能充分理解仪表盘上数字的意义，就不能说是一个真正的经营者。经营者看到财务部门提交的结算报表，就要从中听出比如收益难于提升的呻吟之声、遭受削减的自由资金的哭泣之声。

从京瓷公司规模尚小的时候开始，我就要求各个部门都作月度结算资料。不论在公司还是出差，我都在第一时间审阅各部门的详细资料。看到某部门销售、费用的具体内容，就像看故事一样明白了该部门的实况，脑海中浮现出该部门负责人的相貌，“那样乱花钱”、“材料费占销售额比率太大”，经营上的问题也就自然浮现。

这么用心地看月度结算，当去工厂经过有问题的现场时，马上就会想起“这里上个月是这样的”，当场就可以指出问题所在。该处负责人按我的指示采取相应的对策，改进后的数字在下一个月的结算表上马上就会反映出来。这样，公司整体的业绩也会变得更好。

按常识，月度结算表等财务报表，财务部门都按照规定的格式制作，但这对经营者没有什么帮助。经营者要亲自认真经营公司，就必须改进会计资料的制作方法，使它对经营真正有用。为此，经营者对会计要充分理解，让结算表能够清晰地表达经营状况和存在的问题。经营者懂会计，平时就能指导财务人员。只有经过这样的努力，经营者才能实现真正意义上的经营。

第一部分

直接为经营服务的会计学

实践的基本原则

第一部分阐述七项基本原则，这是实践直接为经营服务的会计学所必需的。

第一章

以现金为基础的经营

现金流经营原则

本章阐述“以现金为基础的经营”，意思就是把焦点放在现金的流动上，依据事物的本质，实事求是地经营企业。会计为企业经营服务，就必须以现金为基础，这是我的会计学的第一项基本原则。

收支计算并不需要高深的会计学知识，人人都可以自然领会。生产产品，卖给客户，收钱。从中支付各项费用。利润就是支付了所有费用后剩余的钱。这谁都明白吧。

会计产生于中世纪意大利商人在地中海的贸易。一次航海结束后，从收入中扣除所有的费用，将剩下的利润进行分配。就是说，现金收支的计算就是盈亏的计算。

但是，在现代企业里，连续的商业活动需要区分时间，以年度为单位，每年结算一次。在近代会计中，当收入和支出的事实发生时，就算有了收益和费用，由此计算一年的利润。这叫做“发生主义”的会计方法。采用这种方法，就出现了收支钱款的时间与成为收益和费用的时间不相吻合的现象。其结果，结算表上显示的盈亏数字和实际的现金流动脱节，对经营者而言，会计就变得很费解。而且，随着社会发展，社会制度和商务活动越来越复杂，会计也跟着复杂化了。根据什么事实发生了收益和费用，这也成了难题。

因此，应该回归会计的原点，关注原本最重要的“现金”，以此为基础进行正确的经营判断。在这一章里，就以现金为基础的经营这个题目，阐述我的观点。

一、赚到的钱哪里去了

经营者没有余暇仔细地学习会计学，对于他们来说，经济越发展、越复杂，结算的内容就越发难以把握。到月末或期末，经过相当的时日，结算表才做出来，看结算表，听财务人员解释各种会计数据，这才了解自己的公司赚了多少钱。这种情况相当普遍。

很久以前，我也曾经向做完期末结算报告的财务部长发问：“赚到的钱哪里去了？”他回答说：“利润变成了应收账款、库存品、设备等各种形态，不能简单明了地说在哪里。”

我又追问：“要从利润中分红，分红的钱在哪里？”财务部长回答说利润不是手头的现金，分红的资金准备从银行借贷。

我觉得很奇怪，“分红的钱没有，要特意去银行借。这能说赚钱了吗？”财务部长却说：“是的，那也叫赚了钱。”

这样的争论没有结果，于是我要求他把盈亏数字和实际现金的流动结合起来做出说明。财务部长按照资产负债表的各项科目，制作了说明资金来源和用途的资金运用表，解释从当期利润和折旧而来的资金具体的分布情况。我这才弄明白，只按收支构成的会计所体现不出的固定资产、盘点库存资产、应收票据、应收款等各种记账科目都反映在了资产负债表上。

辛辛苦苦做出了利润，却不能如愿用于新设备投资，如果应收款和库存增加，现金就被吸走，归还贷款后现金就没了。这时我感到经营企业一定要把握“赚的钱在哪儿、以什么形式存在”。

现在的京瓷以美国的标准做统一的结算报表。根据美国会计标准的发展，资金运用表近年演变成“现金流量表”，如表1-1，清楚地表示了利润和现金增减之间的关系。

表 1-1　统一现金流量表（例）

（单位：100 万日元）

摘要＼日期	1997 年 3 月期（1996 年 4 月 1 日至 1997 年 3 月 31 日）金额	
一、营业活动现金流量		
1. 本期纯利润		45 650

摘要 \ 日期	1997 年 3 月期（1996 年 4 月 1 日至 1997 年 3 月 31 日）金额	
2. 由营业活动增加的纯现金调整		
（1）折旧费及偿还费	41 294	
（2）坏账准备金	△151	
……	……	
（12）资产及负债的纯增长		
• 应收账款的（△增加）减少	1 578	
• 盘点库存资产的（△增加）减少	2 633	
• 应付账款的增加	1 597	
• 未付法人税等的增加（△减少）	△29 569	
……	……	
（13）其他	7 028	38 227
由营业活动调度的纯现金		83 877
二、投资活动现金流量		
1. 购入可变卖有价证券		△131 605
2. 投资及长期贷款		△8 906
3. 变卖及偿还可变卖有价证券		124 583
4. 购入有形固定资产支付额		△45 773
……		……
9. 其他		1 434
用于投资活动的纯现金		△59 529
三、财务活动现金流量		
1. 短期债务的增加（△减少）		△1 334
2. 长期债务的筹措		1 862
3. 长期债务的偿还		△1 737
4. 支付分红		△13 047

日期 摘要	1997 年 3 月期 （1996 年 4 月 1 日至 1997 年 3 月 31 日） 金额	
5. 其他		△126
用于财务活动的纯现金		△14 382
四、汇率变动对现金及现金等价物的影响额		6 133
五、现金及现金等价物纯增加额		16 099
六、现金及现金等价物期初余额		168 285
七、现金及现金等价物期末余额		184 384

在这份计算表中，销售活动所得现金和投资活动、财务活动所发生的现金增减合并计算。根据这一计算表就能明确掌握现金及其等价物合并计算的“现金”总额。京瓷从 1990 年开始就实施了这种美国式“现金”会计报告。

二、是资产还是费用——叫卖香蕉的启示

由于收益与费用从现金流动中脱离出来，现代简练的会计手法才发展起来，但归根结底经营仍需要回到原点，即在现金基础上思考。

比如，某件物品是作为资产记账，还是作为费用处理，经营上会因此出现很大差异。我曾向财务部长讲过下面一个故事。

这是一个极端的例子。比如在街头叫卖香蕉。先从水果市场购进一箱香蕉，再到车站前叫卖。到附近的菜铺说“请给我一只苹果箱”，结果花 300 日元买了一只空苹果箱。还需要一块大的布盖在苹果箱上，于是又在隔壁的杂货店花 1 000 日元买了布。没有棍棒就不能敲击助势，于是又花 200 日元买了根棍子。这样，做生意的道具就算齐全了。

香蕉一把 50 日元，买进 20 把，以每把 150 日元卖出，每把应赚 100 日元，假定运气不错，到傍晚时全部卖完。

销售额 3 000 日元，进货成本 1 000 日元，应该净赚 2 000 日元，但结账时却没有那么多钱。苹果箱 300 日元，布 1 000 日元，棍子 200 日元，一共付了 1 500 日元，手头只剩下 500 日元。

假设这时税务所的人来了，说："你赚了 2 000 日元，其中一半 1 000 日元要交税。" 手头只有 500 日元，怎么要交 1 000 日元的税？税务所的人答道："苹果箱、布、棍子都是资产"，"1 500 日元资产和 500 日元现金加起来 2 000 日元，所以要交 1 000 日元的税"。

税务所的人说苹果箱属优质资产，但因为明天要转移场所售卖，箱子只能丢弃。如果请菜铺回购苹果箱，他们就说："不要钱就留下。" 至于布，因为是刚买的崭新的布才让香蕉显得好吃而卖光。总之，苹果箱、布、棍子作为资产毫无价值。

一种东西，是作为费用还是作为资产，在会计上有很大差异，这个例子简单明白地说明了这一点。在实际中，固定资产除土地外都可以折旧，低值物品可以作为费用处理，这在税法上也是允许的。

总之，为卖香蕉而购进的道具都是一次性的，都属于费用，支付了 2 500 日元才得到了 3 000 日元的收入，剩下 500 日元，作为手头上的资金而存在，从中扣除税金，剩余的可以自由支配。但如果说“1 500 日元买的道具都是资产，所以共计赚了 2 000 日元”，如果要挪用500 日元以上，资金周转马上就会产生问题。因此有关支出不能作为资产而应作为费用要尽快处理。

话虽然这么说，如果经营者总是担心已花的钱何时才能在会计上作为费用处理，经营就会变得很困难。这样看来，不管数字上显示出了多少利润，到头来能放心使用的只有手头的现金。就是说，可以用于企业发展、新设备投资的，只有作为自己的东西可以使用的现金。

正如前面所述，清楚地掌握赚到的钱在哪里，以什么形式存在，这是经营的基本。可是，看到财务人员花了许多时日才做出来的结算表，方才明白钱在哪里，这就称不上“以现金为基础的经营”。对已经过去的事实，已来不及采取对策。经营归根到底是“即时对应”，是与眼前的事实交锋。

通常，财务人员要花好几天才能把结算表做出来。在这过程中，各种评价、判断对利润的数字有很大影响，比如，对盘点资产评价方法不同，利润的金额大小会有很大不同。但是，现在手头的现金，却可以在每一个瞬间都确切地掌握，如果不能随时掌握自己手头可以自由支配的现金，那么在快速变化的经营环境中就无法正确地掌握经营之舵。

因此，不要等待通过各种会计程序计算出的纸上的“利润”，而是根据手上确凿无疑的现金来执掌经营之舵。当然，作为现实的问题，结算利润也极为重要，它表达了企业活动的成果。给股东分红，也要根据日本“商法”上的“可分配利润”。从这个意义上讲，今后也不能忽视结算利润。

这样的话，就需要尽量消除夹在会计上的利润和手头上的现金之间的东西。我的会计学依据这一观点，不是从会计上的利润出发考虑现金流量，而是把经营如何“以现金为基础”放在中心位置。

三、在土表正中相扑

整天为钱发愁就做不好工作，为此，资金周转一定要留有余地。有这样一种人，因为票据没有贴现便四处奔走筹款，总算贴现了，就自以为经营很有本事。但总是为紧急筹款而奔走不停，像自行车一样一停就会倒下，就不能称为真正的经营。这样做至多不过是把亏本经营挽回到收支平衡、不盈不亏的状态。

京瓷创业后不久，我有了一次听松下幸之助讲演的机会。他讲演的题目是“水库式经营”。幸之助说，经营企业，要像修筑水库使河流保持一定的水流量一样，推进事业时要留有余裕。在讲演结束后答疑时，听众中一人问道：“具体该怎么做，经营才能有余裕呢？”

幸之助答道：“我也不晓得答案，但经营要有余裕，你必须那么去想。”听到这个答复大家都笑了，但他这话却深深地打动了我的心。

想要做成某件事，首先必须在心底里有强烈的愿望。“虽然想要做，但现实不可能”，这种消极的想法哪怕只有稍许，你就什么也做不成。“无论如何也要干，也要达成”，经营者需要这种坚强的意志。

和水库式经营一样，“在土表正中相扑”，这句话我也经常使用。不是被逼到土表边缘时，而是在有回转余地的正中央就要竭尽全力。

被逼到土表边缘才迫不得已出招发力，或因用力过猛，自己的脚先出到土表外，反胜为败，被判为输。与其如此，不如在土表正中时，就使出招数，以被逼到边缘时同样的紧张感决一胜负。这句话用到财务上，就是“早作努力，不要到头来整天为筹钱而担心，要创造安心工作的条件”。正因为有这种强烈的愿望，京瓷很早就做到了无债经营。

世上有很多经营者认为，靠银行贷款来快速扩张事业是个好办法。但看看近来的借贷难吧，人们说银行是“晴天借伞与人，雨天反而收伞”。银行好像很势利，但收不回贷款，银行自己的经营也难以为继。所以，下雨天，借来的伞要被收回去也是理所当然。企业任何时候都要靠自己的力量保证自己不挨雨淋。就是说，企业经营也要像“在土表正中相扑”一样，平日里就要竭尽全力。

现代社会技术革新日新月异，很短时间内，事业环境就可能发生巨大变化。在这样的背景下推进事业，或许被迫投入超过预算的庞大资金，用于研究开发和新设备投资。在这种情况下，经营者同时还要保障员工的生活和股东的利益。

但是，如果缺乏充足的资金，就会被上述问题逼得焦头烂额，没有精力为将来的发展从容筹谋。因此，企业必须具备充裕的自有资金，经营者才能根据需要加以使用。为达此目的，企业除了积累雄厚的内部留存外别无他法。就是说必须提高企业的自有资本的比例，这是衡量企业稳定性的重要指标。

与欧美企业相比，日本企业大多选择向银行借贷的方式经营企业。不是累积自己的利润，以自己的钱来经营，而是首先考虑向银行借钱。他们认为，与其获利后交税和分红，借钱付利息反而能节税，这样做好处多。

但是，以借贷方式筹措资金，直接受到市场利率、资金供需变动以及政府、金融机构政策方针的影响。为开拓新事业或扩大生产设备的投资，往往因为这些影响而错失良机。同时，因为要顾及或担心债权银行的意向，往往对于全新事业的投资难于实施。

向银行借钱时必须做好还款计划，当然还款时除本金外还要加上利息。

另一方面，企业可以从事业活动中直接还债的资金有两大来源，一是税后利润，二是会计上作为费用但实际上作为现金留在手头的折旧费。因此，要安全经营企业，就应该在折旧加上税后利润能偿还的范围内进行设备投资。

我不喜欢借钱，借了就想尽早还掉，所以京瓷从很早开始，就提升了自有资本的比率。具体如图 1-1 所示，创业后第十五年，自有资本占总资产的比率已提高到将近百分之七十。

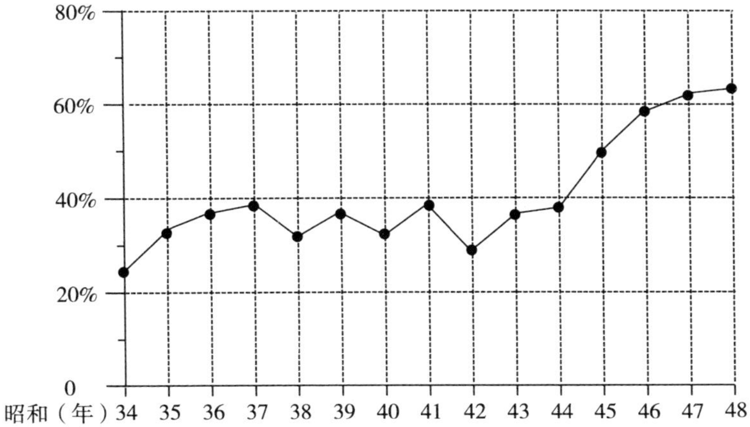

注：昭和 34 年即 1959 年，依此类推。

图 1-1　京瓷固有资本比例推移（创业后 15 年间）

我认为，这是积累自有资金，并以此为基础，进一步创造更多的自有资金，实施“以现金为基础的经营”所带来的结果。

四、账面盈利却缺钱，有账无钱

如前所述，近代会计在“发生主义”的基础上发展起来，所以会计本身变得非常繁琐复杂。但是由此计算出来的利润，与实际手头的钱，即与“现金流”不能马上衔接。

但是最近，“现金流”在会计学中也非常受重视了。对企业价值的评价，不是用利润，而是看将来能创造现金的能力。这种观点在专家中也早已成为共识。特别在美国，已经明确规定，把“现金流量表”与资产负债表、损益表并列，构成正式结算报告，必须包含在结算报告书里面。

经营者应该欢迎这个趋向，这与我的会计学正好相通。但是，现在这个“现金流”，是根据“发生主义”计算出的利润，是调整折旧费等不伴随现金流动的项目后算出来的。而我所说的“以现金为基础的经营”，意思是经营本身要做到将“现金”与“利润”直接挂钩。

我经常使用“账面盈利却缺钱”这句话来强调以现金为

基础经营企业的重要性。每年结算时账面上有利润，但实际上资金不足，资金周转困难，这样的企业很多。这就不是“以现金为基础的经营”，而只是“以结算利润为基础”经营企业的结果。

会计专家们或许认为：“有多少利润就该有多少现金，持这种观点的人是会计学的外行”。但是，从本来意义上讲，“现金”最大的源泉就是企业活动所获得的利润。因此，如果会计学只是为了计算出与“现金”完全脱离的“结算利润”，那么它就是无用的学问，在实际经营中无法应用。

赚到的钱哪里去了？经营者每次看结算报表时都要在心里追问这个重要的问题。

第二章

贯彻“一一对应原则”

一一对应的原则

本章所述“一一对应”，与前章所述“以现金为基础的经营”并列，是贯穿于我的会计学的基本原则。“一一对应原则”，不仅作为会计处理的方法必须被严格遵守，而且它还规范了企业及其员工们的行为，在实现玻璃般透明的经营上发挥着重要作用，无论从内部看还是从外部看，企业及员工都不能有舞弊的行为。

一、钱、物的流动与票据相对应

在经营活动中必然有钱、物的流动，这时必须保证钱、物与票据的一一对应。这个原则我称之为“一一对应原则”。

乍看这似乎理所当然。但现实中出于种种理由，以至于这一条却不能落实。比如，票据先行处理了，物品却是后来才到的。或者相反，东西到了，票据却要到第二天才开。这种做法即使在一流企业也频繁发生。如果允许这样的“票据操作”乃至“账外处理”存在，哪怕是一丝一毫，就都意味着数字不过是一种权宜、可以任意改变。说得极端一点，在这种情况下，企业的结算表就失去了信用。

实际上，我们常常听到这样的事例，迫于期末结算的压力，不得不虚报销售额。比如打电话给客户说：“这期的销售额怎么也上不去，我们将开出一张如此如此内容的10亿日元的销售票据，到下期你们尽早作退货处理，回复到原状。拜托你们配合。”与客户串通，开具虚假发票，让期末的销售额看来不错。这样的事情哪怕只有一次，也会让员工的良心麻木，认为数字可以随意操作，甚至认为这种操作是理所当然的。

其结果，公司管理成了形式，组织的道德水准大幅下滑。如果数字可以弄虚作假，员工就不会再认真工作。这样的公司不可能顺利发展。

所谓“一一对应原则”，它的意义就在于防止这类情形出现，即时确认所发生的一切事实，将它们置于玻璃般透明的管理之下。在公司内彻底贯彻“一一对应原则”，使任何人不能在数字上作假，票据单独流动，或物品单独流动的现象就不会发生。物品流动必然开票，用票据加以确认。这样做，数字就只能如实地反映事实。

“一一对应”的要谛，就是“彻底地”贯彻原则，构建一个玻璃般透明的系统，使隐蔽或模糊事实的企图变得不可能。从公司领导到下面所有的员工都遵守“一一对应原则”，就能防止舞弊，提高公司的道德水准，增强每位员工对公司的信任度。

这样做还有一个好处：一张张票据上的数字累加起来，就成为公司整体的数据，依照它做出的结算报表就真实地反映了公司的整体状况。因此，“一一对应原则”看起来只是一种非常原始、非常简单的管理方法，但如果彻底予以贯彻，就能够提高公司的道德水准，同时做到让公司内的所有数字都真实可靠、值得信赖。

二、在美国的经验——销售与进货相对应

京瓷创建后第三年即1962年，我第一次去美国。当时的日本，精密陶瓷的市场很小，我极想把自家的产品卖到美国去。在那里，最尖端的电子和半导体产业的发展方兴未艾。最初竭尽辛劳却拿不到任何订单，到1968年，我们在加利福尼亚的桑尼维尔设立了事务所，开始做营销工作。那附近的硅谷后来成了半导体产业的发祥地。当时我派遣一直在公司本部担任贸易部长、海外经验丰富的上西先生，加上一名刚进公司的年轻员工，赴美国长驻。

当时的这位新员工就是现在的专务董事梅村。上西一口英语很流利，但不懂会计。梅村出身于理工科，既不会讲英语，也没有会计知识。于是，在建立桑尼维尔事务所时，委托在旧金山的日裔第二代的注册会计师指导财务工作。梅村负责处理票据，他学得不顺利，很辛苦。

那时，我也不太懂会计。去美国出差时，我曾邀约梅村一

起去斯坦福尼亚大学图书馆学习财务。斯坦福尼亚大学图书馆位于旧金山市郊外，在那里我们看到一个有趣的现象：那里不仅陈列着难读的专业书籍，还有教授蔬菜店店主记账方法的通俗读物。当时我想，美国果然是一个讲究实学实用的国家。现在我还记得我们俩从基础开始自学会计的情形。

很幸运，美国的业务不久便顺利展开。正好硅谷半导体产业处于兴盛期，我们接到了美国快捷公司的大量订单。这家公司是当时美国最大的半导体厂家，后来又成为半导体产业发展的母体。从营销活动、发订单、交货管理，到财务会计，梅村一个人处理得井井有条，他像超人一样工作。

事务所发展成了当地法人，我很快又去了美国。梅村兴奋地对我说："社长，公司进展顺利，上西先生也很高兴。"看半年期的报表，销售额、利润确实都增长了，但月度结算却很不平衡，有时赤字很大，有时盈利很多。

我问道："出现这种情况不正常吧，我不是说要一一对应吗？这个月卖这么多有这么大的赤字，下个月销售额相同，却有这么大的盈利，这不奇怪吗？究竟是怎么回事？"

但梅村却说："我们是按注册会计师的意见做的，结果确实如此。"我觉得很荒唐，于是核查了具体内容，不出所料，"一一对应原则"并没有实行。

实际的处理过程是这样的：在客户快捷公司的催促下，产品从日本空运到旧金山机场，即刻由中介业者卸货、通关，送到桑尼维尔事务所。由于快捷公司紧急催货：“快送货，立即要用。”梅村便急忙送去，当场开出销售票据。

但是从日本京瓷发给桑尼维尔当地法人的出货凭证“装箱单”却要经由银行推迟一个星期后才能到达美国。到时梅村才能据此计算进货成本。于是，他在美国卖出的产品只有销售发票而来不及开进货发票，所以凡是月底从日本大批进货后送交客户，报表上就出现大幅利润，一星期后一开进货发票，又出现大幅赤字。这样，月度盈亏波动就很大。我指出这个问题，梅村却说：“无论怎么说，经由银行的装箱单不到，付款额不确定就不能记入进货成本。”

他说得不错，但“一一对应原则”却必须遵守。为此，进货时一定要开进货票据，作为对京瓷的应付款记入成本。到经由银行的装箱单来了之后，再和进货发票对冲，将应付款转为应付银行债务。就这两点，我向梅村作了具体的指示。

表面上看来，每项交易似乎都依据事实处理，但因为销售和进货没有一一对应，就出现了以上的情形，利润和销售额不对应，每个月都起伏波动。无论会计如何努力工作，如果不依据一一对应原则作月度结算，就会出现错误的数据，据此作经营判断，就有可能将公司导向错误的方向。

三、美国当地法人的会计审核

有关京瓷在美国的会计事宜，有如下一则逸事。

京瓷在准备股票上市时，为了获取对财务报表的审核证明书，我们请人介绍注册会计师宫村久治先生。

我正要去拜访宫村先生，他倒先来电话："虽然受到贵方的委托，但我要看看你是怎样的经营者，才能决定是否接受委托。并不是交钱请我审计，我就来者不拒。你委托我，我很荣幸。但接受还是不接受，要看了委托人的人品才能决定。"

待见面后，他的话就更苛刻："有的经营者会对审计师说：'这么一点就不要计较了，这样妥协一下不就行了吗？不要太死板了。'""我绝不和这种人合作。经营者必须光明正大，经营者如果不以正确的方式做正确的事，我就不接受他的委托。你能同意我的观点吗？"

我马上表示同意："好！我的人生观与你相同，你的想法正合我意。"

不料他又说道：“这种漂亮话每个人都会说。现在公司形势好，当然会这么说，当经营遭遇困难，状况不好时，肯定要我出主意、想办法。人都这样，顺利时都正大光明，也不发牢骚。但在企业情况不佳时，能不能依然光明正大，我必须看透这一点。”

“我保证做到这一点。不只是顺利时说漂亮话，在困难时也会坚持公正公平，我信守原则，请相信我。”

这位会计师真是够顽固的。但你来我往，交锋到最后，他终于说：“既然你说得如此诚恳，我就接受委托吧。”他同意做我们的审计师了。

但直到京瓷决定上市时，这位宫村先生还是不放心，他唠叨说：“一个风险企业，这么快就要上市，公司内部的管理系统没有整合好，公司各个方面肯定会有各种问题。何况经营者是理工科出身的技术人员，财务一窍不通，这样的人急着扩展业务，还到海外办公司……”

他最初的工作是监察我们公司的内部管理。他首先选择我们关注不及的海外分公司。他特地前往前述加利福尼亚的桑尼维尔京瓷分公司。到那儿一看，梅村也是理工科出身，连英语也说不好，却从营销到财务单肩独挑。宫村先生心想，这里一定问题不少。

然而他一查，所有票据都按“一一对应原则”处理。打开存放现金存款的小保险柜，将现金和账簿对照，分文不差。宫村先生从此对京瓷的会计系统刮目相看。

问题的关键在于，“一一对应原则”究竟是做到了，还是没做到。我们这个美国当地企业，一直严格遵守“一一对应原则”，从没发生过财务上的问题。此后，这个企业把据点扩展到美国各地，现今员工已达 2 000 人，年销售额已超过 7 亿美元。

四、应收货款和应付货款的冲抵

大型制造企业的组织往往被分割成各种事业部，由各事业部分别向供应商发出零部件订单。这时，应付货款的管理集中在总公司的财务部门，针对各事业部的采购金额，财务人员汇总后，向供应商支付货款。

京瓷的交易条件，根据对方公司的情况不同而不同。有的公司在我们向他们交货、他们验收后的那个月月底结账，于第二个月以九十日的支票付款。很久以前发生过这么一件事，有一家客户提出：“出于资金方面的原因，我们希望调整付款方式。”他们的具体要求是：“这个月应该支付给京瓷的应付货款是 5 000 万日元，但因资金周转困难，想先付 2 000 万。”

当时我追问：“这笔钱是哪批货的货款?”“这 2 000 万是暂付款，还是交给某个事业部的货款?除非交给 A 事业部是这批货物的货款，交给 B 事业部是那批货物的货款，加起来正好是 2 000 万日元，今天付款。如果不分清楚，我们无法受理。如果不这么做，我们就无法与公司的应收货款一一对应冲抵，公司的账就不好做。”

回收应收货款时，要分清这笔款项是这批货物的货款，那笔款项是那批货物的货款，这样才能冲抵。总数 2 000 万这个笼统数字无法对应冲抵。不仅是出货，对方的付款也须一一对应，否则就不能做正确的财务处理。

同时，支付应付货款也要一一对应，正确处理：“某月某日购进的这批货物的货款，现在支付。”总数几百万日元的货款笼统支付是不行的。总之，不管付款还是收款，都要一一对应，这样才能做出可靠的会计资料。

五、“一一对应”和道德

“一一对应”必须在企业活动的每个瞬间都予以贯彻。出货给客户时，必须开出货单，计算销售额，然后作为应收货款进行管理，一直跟踪到收回货款为止。委托运输业者送货，或者销售人员直接给客户送货上门，手续都一样。

京瓷创业之初，有许多客户是企业的研究所或公共研究机构。那些研究人员对我们提出要求：“想做这项实验，希望用新型陶瓷做这样的零件。”我们根据客户要求做过各种各样的产品，虽然都约定了交货期，但依据客户的实验进度，客户往往急着提前要货：“不管做好多少，做好的先拿来再说。”这时销售人员匆匆忙忙将产品送去，放下后就回来。

按规定，产品移动，必须“一一对应”，随之开出票据。但客户说：“十万火急，半夜也行，先送来再说。”拿起还在生产车间的产品就赶过去，因为是半夜，无法按规定办理手续，虽然想着“明天再开票”，但因为繁忙而忘记了。一到月底，制造部门就会追问："那产品怎么处理的？什么时候记入销售额？"销售人员慌忙赶到客户处，可客户却弄不清这产品用到哪里去了，确认不了。结果开出的票据无法处理，货款也拿不到。这样的情况经常发生，这在主张客户第一的企业里司空见惯。但我认为，满足客户的需求和正确的财务管理完全是两回事，这两件事都必须做好做彻底。必须建立这样的机制：不管什么情况，凡是物品流动，都要一一对应，开具票据。

伴随物品流动、金钱流动的事实，全部要一一对应，开出票据，按照正规的渠道做正确的处理。这件事似乎单纯至极，但它对保证企业健康运行具有重大意义。这一点，只要看看这些年来层出不穷的企业违规、舞弊丑闻，就不难理解了。

第三章

彻底地实行筋肉坚实的经营

筋肉坚实的经营原则

企业的发展必须长期持续。为此，如果把企业比喻为人体，那么，人体各个部分都要血脉通畅，而且肌肉结实，充满活力。就是说，经营者必须塑造一个没有赘肉的、筋肉坚实的企业。我用“彻底地实行筋肉坚实的经营”这句话来表达。这是我的会计学的精髓。

比如公司股票一旦上市，就会催生一种意识，即设法让股民看好这个公司，以便维持高股价。受这种欲望的驱使，利润要可观，一切方面都要给人好印象。但追求表面的繁荣，必然增添赘肉，加重不必要的负担。

不管是谁，只要是人，多多少少，都有让人看好自己的愿望。作为经营者，如果这样的虚荣心太强，就会粉饰企业，结果就会把企业弄成满身赘肉。如果要塑造一个本质上强壮的企业，经营者就必须具备坚强的意志，借以克服如下的诱惑：把自己和企业打扮得比实际情况更好看。

一、使用二手设备降低生产成本

京瓷创立初期，资金不足，凡事节俭。办公室的桌椅不买新品，而是到旧货店，从堆积如山的二手货中淘回便宜的不锈钢家具。新员工进来，也只买二手桌椅。别的公司搬家，往往将一直使用的东西廉价处理，卖出的价格只有新品的几分之一。

购买制造设备我也秉承同样的宗旨。现场的技术人员总想引进新设备，我却总是坚持："机械设备，如果二手货顶用，就用二手货。"即使有性能优良的新机器，也不允许轻易购买。我总是教育部下，要千方百计钻研改进，把现有设备用好。

创业后不久，我初次出访美国，并有机会参观作为竞争对手的美国陶瓷企业。那里整整齐齐排列着最新的德国制造的先进冲压机械，机械的运动富有节奏感。当时的京瓷却使用自己设计的土设备，操作起来十分费力。

观看最先进的工厂，德国制高速度、高性能设备令人惊叹。但当我询问“一台机器要多少钱”时，车间主任说了一个让我目瞪口呆的价格。这时我立即思索：“这么昂贵的机器，一分钟究竟能生产出几个产品呢？京瓷用自制的土设备效率是它的一半，价格只是它的几十分之一，从设备的投资总额和投资效率来比较，京瓷的自制设备更划算，可以胜过他们。”

一般人们不会做这样的计算，看到最新式的机械运行流畅，就想尽快引进，迎头赶上。进行这样的设备投资，一定可以提高生产效率，而且可以获得使用尖端技术的满足感。但是，实际上，这么做经营效率未必能够提升。这种追求虚荣的、过度的设备投资，如果反复进行，反而会弱化经营体质，也不能让有限的经营资源得到有效的利用。

二、坚持健全会计——陶瓷石块论

京瓷的精密陶瓷产品，在创业初期，都是按客户的订单生产的。比如，客户说电视机显像管绝缘部分需要这种形状的绝缘零件，我们就会同客户的工程师协商，决定材质和外形，在此基础上再生产产品。这种陶瓷零件用于电视机所需的显像管，这过程中创造了新的价值，给我们、给客户都带来了利润。

但因为是陶瓷，一旦烧制出来，就不能再改变它的形状，即使在加工过程中要修改也几乎不可能。由此产生的问题是：库存产品的价值如何评价？比如，客户的订单是 10 000 个，但考虑到成品率以及追加订货时的交货期等问题，生产了 12 000 个，10 000 个交给客户，剩下的 2 000 个作为公司的库存。假设一个是 100 日元，那么账上就会记上 200 000 日元的库存。

但是，如果客户以后不再生产这种型号的机种，那么这批库存就变得毫无价值。但账上仍有这笔库存，是当作资产处理的。这剩余的 2 000 个实际上已经没有价值，却把它认作资产，这就脱离了现实。尽管制造过程中花费了成本，尽管它是“合格品”，但作为陶瓷零件，这批货物已经没有用处，已等同于路边的“石块”。

根据这种观点，我们就把这样的库存的价值评估为零，但当税务调查时却成了问题：“这批库存为什么评价为零？既然卖价是 100 日元，成本就是 50 日元，应该用成本记账。”

“但是，这些产品已卖不出去了，可以丢弃了。”

“丢弃当然可以，但在丢弃之前还是资产啊！”

税务署说可以丢弃，但就这么丢掉又感到有几分可惜，而搁在那里就要被看作资产。

“那么，先将‘无用’的库存视为零，如果能卖出，到时再交税金总可以吧。”

“那不行。不是说卖掉后再交税，既然是资产，相应的收益增加，就要收税。”

不知道什么时候能卖出去，或许根本卖不出去的东西却要被作为资产计税，这与合理的、健全的会计原则相矛盾，会削弱企业的体质。没办法，我们只能把估计目前卖不出去的陶瓷零件真的当“石块”丢弃。为了建立筋肉坚实的企业，不能拥有不良资产。这就是我所说的会计学上的“陶瓷石块论”

的意思。

生产厂家，特别是订单生产，包括 OEM（贴对方牌子的受托生产），最容易发生这样的问题。比如接到了三台机床的订单，为了防止生产过程中出问题，订购了四套机床的零部件。运气很好，装配出的三台机床都是合格品。但是这样，剩余的一套零部件就成了库存。这种机床是按照这位客户的特殊要求做的，自然无法卖给别的客户，而且这位客户何时再来订单根本不知道。在这种情况下，剩余的那套零部件不能一直保存，尽可能评估为零，从账上消除。

采用库存销售的厂家，以及从事批发、零售的流通行业，或多或少，都会出现进货卖剩的情况，一般在盘点时都用进货时的价格评价库存。而且，经营者实际上并不亲自去盘点，而由有关员工去清点。这样，就会有长期没卖出的、今后也卖不出的东西，蒙着灰尘被搁在仓库里，而且多次被盘点。就是说，已经毫无价值的东西却被作为财产放着，作为资产处理。结果账面上利润却是增加的，就要交纳不必要的税金。

因此，盘点工作不应只委托别人，经营者自己也应该去做，亲眼看，亲手摸，与有关人员一起到仓库检查巡视，指示员工："这东西三年了都没卖掉，扔掉吧。"这样认真对待、认真处理，使公司资产货真价实，不含水分，这就是"陶瓷石块论"的真实含义。

这样做，对健康地经营企业非常重要。但是，即使最初大家都想清除不良资产，但临近结算时，又想把公司业绩做得漂亮一点，让人看起来舒服。为这种冲动所驱使，就把卖不动的东西作为资产计算。虽然这还说不上是有意粉饰结算，但是，我们绝不能为了公司和自己的面子，在诱惑面前败退。为此，经营者一定要具备严格律己的、坚定的经营哲学。

三、警惕固定费用的增加

设备投资导致折旧这种固定费用的增加。同时，人工费占了固定费用的大部分。正式工增加，固定费就会相应增加。特别是间接部门一不注意就容易增加人员。

因此，为了实行筋肉坚实的经营，不仅要降低与生产量相关的原材料费等变动费用，而且要尽量降低固定费用，借此提高利润率。正如图 3-1 所示，尽可能减少总费用，由此把盈亏平衡点降下来，这样做的结果，利润就能增加。

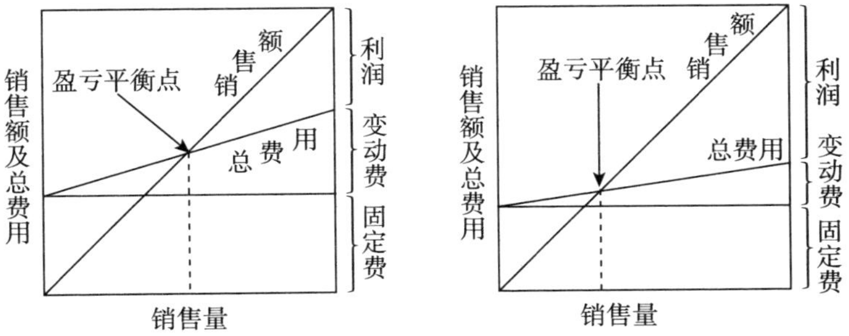

图 3-1　固定费、变动费的削减和利润的关系

以前面提到的德国制高价冲压设备为例，当时我们公司自制的土设备价格只有它的几十分之一，相应的固定费用就很少。加上当时日本的人工费比德国低，虽然我们设备的生产效率只是他们的一半，但也有足够的竞争力与对方抗衡。工程技术人员和经营者往往希望购买最先进的设备，以为不这样就会在竞争中落败。但有时恰恰相反，由于购进高额设备而使固定费用大幅增加，反而削弱了经营体质。对这一点，经营者应有充分的认识。

设备也好，员工也好，经营企业必须防止在这两方面增加固定费用。经营者自以为积极进取，但回头一看，固定费用却增加到了难以置信的地步，想要后退已不可能。这种情况经常发生。原意是积极发展，结果反倒弱化了经营体质，这种事例并不鲜见。不能增加固定费用，而要削减固定费用，如果不时时意识到这一点，固定费用很快就会增加，最终会使企业体质恶化。

但是，在现实的企业经营中，防止固定费用增加这件事的意义，如果员工没能充分理解，那么在扩展事业、提高效率方面，员工的积极性就会下降。因此，要让员工们理解，削减固定费用，实现筋肉坚实的企业体质，就是为了把公司变得更强大，更富于挑战精神，有利于更好地扩展事业。

四、不投机——额头流汗换取的利润才有价值

对我而言，所谓投资，就是投下资金，通过自己额头流汗、辛勤工作获取利润，而非不劳而获。在我的会计学中，没有丝毫靠投机获利的观念。所以，在运用剩余资金的时候，保本是大原则。完全不准备所谓“风险管理”资金，因为那是投机性投资才需要的。

以前，“投资理财”这个词被滥用，连企业会计财务部门也去追逐一时的投机利润，结果动摇了企业的根基，招致重大损失。我们见过许多这样的事例。这种事之所以发生，是因为经营者忽视了一条重要的原理原则：尊重自己辛勤劳动获取的利润。

1973 年 10 月爆发的第一次石油危机导致了日本经济的混乱，当混乱还在继续的时候，某都市银行的行长来拜访我。他的话我记忆犹新。

“两年前房地产开始升值，大家都在购买土地，通过转卖

获利。贵公司把利润都存在我们银行，我们当然很感谢。但现在社会流行借钱买地，自有资金加银行贷款买地已成时代特色。贵公司如想贷款，不管多少我们都愿意借。许多不动产可以保证升值，请允许我为您介绍。”

我告诉他，我的理念是：“只有自己额头流汗、辛勤工作赚来的钱，才能称为利润。”所以不为他的劝诱所动。

过了一年半载后，当时的泡沫破裂，许多有名的企业接二连三陷入困境。那时京瓷还是小公司，却有几家报纸、杂志的记者赶来采访，他们问道：

“看到这次破产潮你有何感想？几乎家家企业都背着贬值后的不动产发愁，京瓷却完全没有这个问题。你的先见之明从何而来？”

我直率地答道：“我没有你们所说的那种先见之明，我只是不喜欢靠投机获利，我讨厌依靠转卖房地产赚钱，如此而已。”

到20世纪90年代初泡沫经济崩溃之前，有过几次泡沫的膨胀和破灭。为什么人们总是好了伤疤忘了痛，老是重犯同样的错误呢？大家明知股票和房地产不可能永远持续升值，但总是愿意相信损失不会降临到自己头上。世间的潮流一旦被掀动，逆着这股潮流，将自己的意志贯彻到底，也许很困难。但经营者对众多员工负有责任，不应该盲目仿效他人，归根结底，应该遵循自己心中的原理原则和行动规范。经营企业不可赶时髦，更不可随波逐流。

投机是“零和游戏”。有人得利必有人牺牲。即使投机获利，也没有为社会创造出新的价值。真正的经济价值，即对人类对社会有贡献的价值，不可能通过投机活动而增加。

企业的使命，是通过自由的、富有创造性的活动，孕育新的价值，为人类社会的发展进步做出贡献。作为这种活动的成果，我们获得了利润，我称之为“额头流汗换来的利润”。这才是企业应该追求的真正利润。

追求投机性利润，这种行为包含着严重的赌博性质，它煽起人们的侥幸心理。但可悲的是，许多人为之着迷。投机活动虽然不创造任何价值，但却具有让人迅速沉迷的魔力。为了不给员工带来不幸，经营者必须抵御这种魔力，坚持自己心中的原理原则，从“究竟什么是正确的、企业的使命到底是什么”这样的原点出发，来决定自己应该采取的行动。

五、预算制度合理吗——即用即买

通常，制定下一个年度计划时，人们会提出：“销售额要比前一年提高百分之几。理所当然，这就需要人手，于是人员要相应增加。为增加销售，还要开设新的分店，为此要增加销售费用……”总之，列出所有费用项目，做出预算。

这样的预算制度我从没有采用过。为什么？因为许多情况下，增加人员，增设分店，有关费用的部分，不断按计划进展，但最关键的销售额却未能按计划增加。追问“销售额为什么没有增加？”答案是：“我们很努力，但现在不景气，所以不顺利。”有时还会进一步说：“为了挽回颓势，必须下决心再增加人手。”由此费用更会增加。本是为了实现计划中的销售额的增加，才花费用，销售额需要按费用的增加而增加。结果却做不到，只有费用在增加。

就是说，支出部分的预算落实了，销售收入的预算却落空了。这难道不是预算制度的实态吗？因此，我经营企业的方法是：“不要预算制度，需要花钱时，提出书面申请，即时裁决。”

在京瓷，采购原材料，每个月只购入当月需要的数量。根据情况，有时不是每个月，而是每天只购进当天需要的数量。我称之为“买一升”，并把这作为原材料采购原则。即使一次买一斗便宜划算，我却坚持只买当前需要的一升。

这种想法来自我小时候的经验。当时我们的家业是印刷和生产纸袋。工厂就在院子里，有十几名员工，父母亲与大家一起工作。母亲生性快乐、开朗；父亲为人正直，做事认真，一心扑在工作上。父亲出生在离鹿儿岛市 15 ~ 20 公里的乡下，那里许多农民亲戚常常肩挑车拉，把番薯、竽头等蔬菜拿到附近来卖。待傍晚回家时，因为卖剩下的东西再带回乡下太重，他们一定会顺道来到熟悉的人家。他们也常来我家，说声“打扰了”。母亲会道一声“辛苦”，奉上一杯茶。农人们说：“菜没卖完，带回去也没用，便宜点处理给你。”我的母亲心肠好，乐于助人，看乡下人可怜，同情他们，又因为是丈夫乡下来的远亲，更因为东西实在便宜，就会把剩余的蔬菜全部买下。

那时我还是小学生，想法很单纯，觉得母亲做了善事。但到了吃晚饭时，瞥见厨房里堆着菜，寡言但认真的父亲就发火了："怎么又买了无用的东西！"母亲也不示弱："是你远房亲戚某某的太太，人家特意来的，而且价钱远比城里蔬菜店便宜得多，你发什么火啊！"

我默不作声地吃饭，侧眼看到不善言辞的父亲被顶撞也不出声，心想："这事母亲讲得对啊！"

某个夏日，我从学校回家，看见母亲在院子里挖土，是把很久前埋下的番薯挖出来，番薯已经烂了。她还叫人帮忙，用大铁铲挖掘。她喊道："哎呀，已经烂得这么厉害！"然后用菜刀把坏的部分削掉，本来很大的番薯眼看着就变小了。

不过母亲仍然很高兴，她把变小的番薯煮了一大锅，放进竹笼里，对我说："去把小朋友都叫来吧！"我是孩子王，把附近的小朋友都叫来，请大家一起吃那多得吃不完的番薯。小朋友们吃饱了兴高采烈回去了，母亲觉得又做了好事，也很开心。

这时我才醒悟："哈哈！我明白父亲为什么发火了。这样的太太，或许会把家弄穷的。"

从儿时的这些经验中我学到了一个道理：一次大量买进看起来便宜划算，其实不然。人是很有意思的，听别人说"买五升可以便宜"，就信以为真，忍不住就买了五升。东西一多，用起来就会大手大脚，不再节约，不再爱惜。但如果手头所有刚刚够用，用起来就会小心翼翼。因此，现在如果只要一升，就只买一升。

就这样，我懂得了“即用即买”的重要性。记得京瓷创业后，我常常向财务部长灌输我的“买一升论”。但财务部长驳斥说：“你的理论同经营学、会计学的常识背道而驰。全世界哪一本经营学或会计学的书都只会教人买便宜东西，而不会教人买贵的东西。”我也毫不退让：“那样的常识有什么用？不管怎样，请你只采购需要的量。”

这样争论的结果，心怀抵触的财务部长只得勉强按我的指示去做，但在做的过程中他领悟了：“果然如此！”即用即买，只买当时需用的量，看上去买贵了，但员工珍惜使用。因为没有剩余，就不需要仓库。不要仓库，也就不需要库存管理，不需要库存利息。将这些成本加起来算，这种做法要经济得多。像陶瓷那样不会变质的东西还算好，如果是易腐朽的东西，不加注意，就会因变质而报废。我讲了我母亲的故事，类似的事情在许多家庭、许多公司都会发生。

财务部长后来对我说：“我把社长父母那段故事当笑话听，但现在我明白了，这个朴素的故事里隐含的真理实在非常重要。”

这在京瓷称作“即用即买原则”或“买一升原则”。现在仍作为铁则传承着。

第四章

贯彻完美主义

完美主义的原则

本章叙述的所谓完美主义，是指不允许暧昧和妥协，所有工作都要追求完美，达至每个细节。这是在企业经营中应该采取的基本态度。

一、宏观和微观

团队的领导者总是被要求做出准确完美的决断。比如登山队长，哪怕他的判断有一个失误，就会将整个团队引向死亡。同样，经营企业的社长，他的判断也左右着企业的命运。社长对企业的员工及其家属，对顾客、股东、合作企业等，都负有重大的责任。

为了承担如此重大的职责，企业经营者不但要在宏观上充分明白整个公司的状况，而且要在微观上了解部下所做的工作。否则就谈不上完美。甚至在部下休假时，自己也能代替他工作。如果做不到这种程度，就没有资格当真正的“长”。

通常，创业型社长对现场的细部、对公司的整体，都能了如指掌。

但创业者的继承人，第二代社长或专务董事，他们中的大部分都不太清楚现场的状况。即使从父亲乃至祖父那里学到了从宏观上统领整体的所谓帝王学，但对现场的具体情况仍不了解。这样的话，他们就不可能将企业经营得有声有色。作为企业领导者，如果真想按照自己的意志去经营企业，那么就必须频繁地出入现场，感受现场的气氛，了解现场的情况。不从现场出发，所谓的帝王学就没有用武之地。不仅要明白宏观，而且要了解微观。这样，经营企业才会胸有成竹，游刃有余。

二、必须百分之百实现目标

我大学的专业是化学。在化学这个世界里，把几种化学试剂混合，就能制造出新的化学物质。混合的试剂的配比稍有差错，多少天的心血就会全部付诸徒劳。如果是花费一年时间研究出来的东西，那么这一整年的努力就在一瞬间化为了泡影。

同样，现代的制造业对产品质量的要求非常严格，“零次品”已经是理所当然的事。要达到这么高的质量水平，每道工序都必须做到完美无缺，在研究开发和生产制造的过程中，不允许有丝毫差错，所有的工作都要求做到尽善尽美。

但在财务等事务部门，如果资料等出现错误，只要说一声“对不起，我修正”就想应付过去。我因此常对财务部长发火：“因为是事务工作就可以马虎吗？”“如果认为差错可以用橡皮擦去，在工作中就不会去追求完美。”

或许有人认为，工作中出点差错在所难免，但无论是投资计划还是核算管理，基础数字哪怕略有错误，都会导致经营判断失误。所以，不仅研究开发和生产部门要认真，事务部门也同样要认真，决不允许出错。

真正实现完美主义当然很困难，但具备追求完美主义的态度，就能减少错误。但即使以完美为目标，也做不到差错为零。然而却不能因此认可百分之九十九正确就行。如果百分之九十九可以容忍的话，下次百分之九十也能说得过去，不！甚至百分之八十、百分之七十也无所谓了。那样的话，公司经营就会怠慢，公司内部纪律就会松弛。

百分之百就是百分之百，针对销售和利润计划的完成情况，我决不认同如下的论调："虽然没能达到百分之百，但也完成了百分之九十五，这次就谅解吧。"对于生产、销售这类经营目标的完成状况，对于开发研究工作的进度以及管理工作的准确程度，我都要求贯彻完美主义。

三、严格核查以求完美

我经常要求会计人员向我解释月度财务报表上不明确的地方。当时的财务部长回忆说：“如果没将资料认真审核就交给社长，他肯定要严格核对有关的内容。他的提问常常让我们很狼狈，他会严厉地追究责任。到下一次，为了万无一失，我们事先认真准备，多方确认，再向他提交资料，这时他只是简单地听听说明，不提问题，反而让我们感到失望。”

当我认真审阅资料时，不知道为什么，数字间的矛盾或不对头的数字会扑入我的眼帘，精神高度集中时，一眼就能看出问题。那些错误的数字，有问题的数字，就像求救似的自己跳出来。相反，如果所提供的资料，其中的数字经过充分确认，那么不管我怎么细看也找不出问题。

所以，上司让部下匆忙做成的资料，内容自己未加审核，惴惴不安拿给我看，那么毫无疑问，肯定要受到我的训斥。相反，如果这位上司自己仔细看过，事先把问题都弄清楚了，再拿给我看，我连问题也不提，就此通过。

企业各级领导者如果亲自认真贯彻完美主义，那么就会敏锐地发现资料中的错误，发现不合逻辑和数字矛盾的地方。如果领导者这样认真审核，做资料的人自然而然也会去追求完美主义。为了让完美主义渗透到整个公司，成为每个人的习惯，无论是做资料的人还是审核的人，都要付出相应的努力。

第五章

用双重确认的办法保护公司和员工

双重确认的原则

本章所阐述的“双重确认”是一种“保护性机制”，不仅是财务，它保护所有部门的个人，也保护组织，使组织能健康运行。

工作光明正大，在透明的空间中进行，这不但能使工作人员不发生意外事件，同时可以提高业务本身的可信度，保证公司组织的健全性。

因此，“双重确认”的机制，在任何情况下都必须彻底贯彻，不可松懈。

一、不让人犯罪的制度设计

我的经营哲学的根基是“以心为本的经营”。

创立京瓷时，因为深感责任重大，我经常夜不能寐。当时我对企业经营一无所知，“依靠什么去经营企业才好呢？可以依靠的东西究竟是什么呢？”我认真地、反复地思考。烦恼之余，我领悟到，最重要、最值得重视的就是“人心”。人心易变，人心最不可靠，但这个世界上最可靠的也是人心。实际上，京瓷本身就是在衷心信任我的人士的支援之下，由相互信赖的伙伴共同创立的。

就是这样，一方面人心具备强大的力量，同时人心也有脆弱的方面，无意中的一念之差，就会让人犯下过错。因此，要贯彻“以心为本的经营”，要保护员工，就要注意到人心脆弱的一面。这是设计“双重确认”制度的初始动机。所以，制定这项制度的背景绝不是什么“人不可信”或“性恶说”。恰恰相反，制度之下流淌着的，是对人的关爱之情，是不忍让人犯错的善的信念。

诚实的人也难免一时鬼迷心窍。比如稍稍挪用一下公款，事后就还。开始这么打算，后来却由于某种原因还不上了，这样就会铸成大罪。这是管理上的漏洞造成的罪过。纵使人起贪念，但制度上如有切实的防范，这种贪念就无法实现，人就不会陷进犯罪的泥坑。企业中这种保护性机制设计得越是严密，就越能体现出对人的关怀。

为了不让员工有犯罪的机会，从原材料的接收、产品的发送到应收款的回收，整个管理系统在逻辑上必须具有一贯性。如果迁就一个个管理者的“方便主义”，而损害了系统的一贯性，那么，个别管理者小小的判断失误，就会酿成重大的问题。特别是企业的经营者，在会计、资材等管理系统的运行上，因时间或场合不同，而做出自相矛盾的决断，这就等于否定了自己经营的一贯性，这会造成整个管理系统的崩溃。看一看最近发生的各行业的舞弊丑闻，就可以明白，经营者自我本位的、不严肃的判断，招致了动摇公司根基的重大问题。在这个基本点上，经营者首先必须严格自律。

或许有人认为，“双重确认的原则”是发现和防止错误的技术性手段。但是，之所以需要这样严格的系统，真正的目的在于创造一个珍惜人的职场环境。让两个以上的人和部门互相审核、互相确认，由此推进工作。存在这样一个严格的制度，员工犯罪就可以防患于未然。同时，可以营造出一个具有紧张感的、生机勃勃的职场氛围。

这是一套对经营活动进行管理的机制，只有让这套机制正确地、充分地发挥作用，才能够在更高层次的爱和利他心的基础之上，顺利地经营企业。

二、双重确认的具体做法

如前文所述，“双重确认”是预防人犯罪的原则，但其要点是构筑具体的双重确认的首要系统。为此，自创业以来，我一项一项地制定了具体的管理办法。说起来有点繁琐，但我想举出具体的事例，来说明双重确认的管理方法。

• 进出款项的处理

管理进出款项的原则是：管钱的人和开票的人必须分开。

小公司里，常常是社长亲自开付款票据，并且自己付出现金。这样做即便没有恶意却可以随心所欲，这就谈不上严密的管理。为了防止这类情况，开票人和管钱人必须分开。

到银行存钱，买材料付款，支付劳务费，或者支付其他费用，付款人和开票人必须分开。

负责付款的人，要确认票据是否正确，然后付款。付款必须依照票据，而不是根据付款人自己的意志或判断。要求付款的人，必须正确填写付款内容，并附上必要的凭证资料，开出付款票据，要求付款人付款。

收款时，不能因为账户上有金钱入账，管钱的人就可以开进款票据。管金钱入账的人要与那笔收入有关的部门联系，请该部门明确进款的具体内容并开出票据，然后进行入账处理。

就是说，开票人和管钱人绝对分离是双重确认的首要原则。

● 现金处理

处理小笔现金时，每天结束时合计的现金余额，和由票据做成的余额表相一致，这是理所当然的。但是，这必须是每一次有现金出入时，现金余额和账面余额全都一致而产生的结果。

就是说，不是在最后合计时让两者相一致，而是必须在每一个时点，现金动，票据也动，两者相一致。为此，在上班时间内，必须由管理现金以外的人，以适当的频度，对现金余额和票据进行确认。由管钱人以外的人在现金流动的状态下认真确认的话，万一发生问题，也容易找出原因，同时从某种意义上来说也保护了管钱的人。

• 公司印章管理

自公司创立以来，我忙于研究开发、生产制造以及营销，几乎没有时间坐在办公桌边。因此，公司法人代表的印章和银行用印章都得委托员工管理。

委托员工管理同时又要让我放心，我想出了一个管理印章的办法。印章箱有两层，外箱是手提保险箱，内箱是小型印章箱。管理内箱钥匙的人就是盖章的人，外箱钥匙则另有他人管理，两者可以互相确认。

当然，除了开锁盖章外，内箱总是锁在外箱之内，禁止取出内箱走动。关闭内箱时，要由另外的人确认是否所有印章都收在里面了，然后上锁。当然，除了盖章的时间以外，印章箱的内箱、外箱都必须锁上，然后放进耐火的大保险柜里保管。这个耐火保险柜的开闭又有第三个人负责。这种双重确认的体制，基本出发点就是：不让一个人能够做完全部程序。

• 保险箱的管理

耐火保险箱如果有圆形暗锁和密码锁，一定要把两道锁都锁上，同印章箱一样，必须由不同的人来开锁。

即使上班时间内，保险箱也要上锁，包括早晚定期开锁在内，凡有必要开锁时，都必须有人见证，从保险箱进出钱、物必须由复数的人在场。

包括耐火保险箱、手提保险箱在内，里面只能保管特定的东西。同时禁止特定以外的人利用保险箱，放进或取出钱物。

● 购买手续

在购买物品或服务时，双重确认体制也必不可缺。要求购买的部门必须向采购部门开具委托购买的票据，请采购人员发出订单。禁止要求购买的部门直接打电话联系供应商、交涉价格和交货期。

有时或许需要紧急采购，但按公司正规的采购程序采购，一方面不破坏基于双重确认的管理体系，另一方面可以确保向供应商支付货款。同时可以防止采购过程中发生内部人员同供应商勾结的行为。

● 应收款、应付款的管理

销售人员当然要开展销售活动，但同时必须对货款及时、全部回收负责，这是一条原则。应收款余额的管理，另由销售管理这样一个管理部门负责，他们向销售人员报告应收款余额明细，催促按合同收款，同时指示销售人员弄明白欠款的原因及对策，以求尽早解决。

但去收款时，并不是销售管理人员直接去，而是销售人员拿着各地销售管理人员开具的发票到客户处收款，拿到的期票、支票应立即送到总公司财务部，然后到银行兑现。客户转账汇入的货款同样也由总公司财务部集中管理。

对应收款负责的是销售员，各地销售部门的销售管理人员和总公司的财务部门分别管理应收款余额和进款。

同样，应付款管理，由订货部门验收货物后，采购部门计算应付款，同时管理应付款余额，而应付款的支付由总公司财务部门集中管理。这样，在应收款、应付款的管理方面，也彻底贯彻双重确认的原则。

- **废料处理**

商品销售方面的管理虽然严格，但在废料处理方面，比如生产车间贵金属切削屑的处理，往往交给员工和承包商，没人确认，即使承包商过秤不正确也没人过问。

虽说卖的是切削屑，但几个月累计，就会产生惊人的金额。因此，在计算数量时，必须双重确认。为防止与承包商接触的员工犯罪，就需要这样的机制。

- **自动售货机、公用电话的现金回收**

因为打公用电话只需区区 10 日元，所以对它的现金回收往往不加注意。公司内的公用电话、自动售货机的现金管理往往交给总务部门一位员工处理。

一次收钱金额微不足道，但日积月累，金额就不小。如果几年时间里只任由一人负责，金额就会很大。这样的事看起来很小，但这里也需要双重确认，应该由两个人来确认金额。双重确认的原则，无关金额大小都必须执行，这是财务管理的铁则。

以上所述，乍看都是理所当然的事，但正是理所当然的事，要切实遵守，实际上却很难，所以更要重视。但所谓重视并不是只发指示，只发指示并不能保证彻底贯彻，所以领导者必须亲临现场，检查制度落实的情况。只有反复确认检查，制度才能在公司内固定、扎根。

但是，这种双重确认制度的根底，是经营者对员工的关爱之心，是不让员工犯罪的善的信念。

第六章

提高核算效益

提高核算效益的原则

企业会计最重要的使命就是帮助企业提高经济效益。

为了提高效益，增加销售额是理所当然的，但与此同时，还必须提高产品和服务的附加价值。所谓提高附加价值，就是以更少的资源创造出有更高市场价值的东西。这也是提高员工生活水平、为公司发展做出贡献的前提条件。

一般而言，所谓“提高效益”，是对经营活动进行管理的“管理会计”的职责，而“财务会计”的任务是向外部正确地报告企业业绩和企业的财务状况，两者性质不同。但是，对于经营者来说，“管理会计”和“财务会计”同等重要，都是企业经营必需的会计。管理会计对于财务会计的结算有什么关联，经营者必须正确把握。

在京瓷，本书所述的“会计学”，和被称为“阿米巴经营”的小集体独立核算制度，这两者作为经营管理系统的两轮，成为经营管理的根干。这也可比喻为一间房子，京瓷的经营哲学是地基，会计学和阿米巴是支撑房子的两根柱子。当然这两根柱子缺一不可，两者相互支持。

随着京瓷的迅速发展，企业的组织变大了。根据事业发展的情况，我把大组织分割成一个个小组织，每个小组织像一个独立的经营体一样，可以依照自己的意志开展事业，这就是阿米巴经营。每个阿米巴分别作为利润中心运行，像一个中小企业那样活动。阿米巴的领导者需要上司的认可，但该阿米巴的经营计划、业绩管理、劳务管理等所有经营上的事都由他们自己运作。所谓阿米巴经营是全员参与的经营模式，每位员工对自己所在阿米巴的目标都非常清楚，都在各自的岗位上为达成目标而不懈努力，在这一过程中能够获得自我实现。

如果要完整地叙述京瓷的阿米巴经营，就需要再写一本书，因为它的内容十分丰富。在本书中，我只阐述阿米巴经营中与会计学关系密切的部分，就是对提高效益起重要作用的管理会计体系“单位时间效益核算制度”。

一、何为单位时间效益核算制度

人们通过工作创造新的价值，促进社会经济的发展。“价值”是发展之源。为了生产更多的价值，就需要用尽可能少的费用创造出尽可能多的经济价值。在企业经营中就是要用最小的费用获得最大的销售。

减少耗费的资源，也就是贯彻节俭的精神。为了提供客户所需要的产品和服务而花费的各种支出，要杜绝一切浪费。生产产品所使用的原材料、消耗品、燃料、电力、机械设备，以及各种管理费用，包括物流成本在内的销售费用，所有项目都尽可能节减。这既是企业经营的基本原则，也关系到节约人类共同的资源。

但是，要增加销售，按一般的思维，就要按比例增加费用。但我认为并非如此，在运用各方面的智慧和创意增加销售的同时，不断地、彻底地削减费用，这就是经营的原则。

所谓单位时间核算，就是为了实现“销售最大化，费用最小化”这一经营原则而从销售额减去费用后的“结算余额”这一概念出发的。这个“结算余额”在经济学术语中被称为“附加价值”。企业要发展就必须产生和提高附加价值。

我们日常的劳作就是生产附加价值，并尽可能简单地表达这个附加价值，我就以每小时为单位计算附加价值，称之为“单位时间”，把它作为提高生产效率的指标。我请管理部门每月都做“单位时间效益核算表”，让现场员工也能很快理解。

表 6-1　制造阿米巴单位时间效益核算表（例）

项　目		计算公式	金额
总出货（全部生产量）	（千日元）	A（=B+C）	60 000
对外出货	（千日元）	B	35 000
公司内销合计	（千日元）	C	25 000
公司内购合计	（千日元）	D	10 000
总生产（净生产量）	（千日元）	E（=A−D）	50 000
扣除额	（千日元）	F	30 000
（明细）原材料费	（千日元）		10 000
外包加工费	（千日元）		5 000
……	（千日元）		……
销售扣除（附加价值）	（千日元）	G（=E−F）	20 000
总时间	（小时）	H	4 000
单位时间	（日元每小时）	I（=G/H）	5 000

为了简单易懂，用表格来表示生产部门阿米巴的“单位时间效益核算表”的雏形。表 6-1 从左到右是项目、计算公式、金额。项目首先从表示阿米巴收入的生产产值的数字开始。第一项“总出货”（全部生产量），是该阿米巴直接出货给客户的产品的产值“对外出货”，加上提供给公司内部其他阿米巴的产品和服务的产值“公司内销合计”。但这还不是表达阿米巴收益的核心概念。从“总出货”中减去从其他阿米巴购入的“公司内购合计”之后的“净生产量”才是表达该生产阿米巴的收益指标。这个“净生产量”表达阿米巴的生产实绩，是阿米巴经营中的重要指标。

在一般管理会计体系中，某个核算单位部门从公司内其他部门购买的产品或服务，和从公司外购买的东西一样，作为成本处理，以成本价或公司价计算。但是在“单位时间核算制度”中，公司内部各阿米巴之间的物资与服务的交易，全部按对外交易一样处理，交易价格必须是双方交涉同意的“市场价格”。就是说，卖方阿米巴和买方阿米巴之间，和在市场上交易一样讨价还价，从哪里购买，原则上买方可以自由选择。

这个按“市场价格”进行的公司内部买卖，对于卖方阿米巴来说，是净产值增加，对于买方来说，是净产值减少。因此，整个公司各阿米巴的“净产值”合计，直接就是公司整体向客户出货的总净产值。

所以，某个阿米巴的净产值对整个公司的总产值做了多少贡献也就一目了然。结果是，只面向公司内部生产的阿米巴，它的净产值对整个公司的总净产值所做的贡献也看得很清楚。这样就可以提高每个阿米巴与公司的一体感。

“单位时间效益核算”说明阿米巴是一个独立的经营责任单位。同时，它又绝不可以单独经营，只有和其他阿米巴相结合才能经营，每个阿米巴都是公司不可分割的一部分。阿米巴经营的思想基础是：任何人都需要在更大的集体中互相支持、互存共荣。

阿米巴经营的目的，很容易被理解为让阿米巴之间激烈竞争，但这实际上是误解。阿米巴经营并不是争抢有限的馅饼，而是阿米巴之间互相帮助，切磋琢磨，共同发展。阿米巴之间的交易按市场规则进行，因此，把“鲜活的市场”中的紧张感和活力带到内部交易中来，这也是阿米巴经营的目的。

二、追求附加价值的阿米巴经营

大企业的制造部门一般都依据以往的数据预先算出标准成本，然后同实际成本相比较，进行成本管理。这种“标准成本计算”成了管理会计的常识。因为是按照设定的目标即标准成本来进行成本管理，所以制造部门付出最大努力来达到这个标准成本。另外，这个标准成本的目标，并不是各个部门为了挑战更高的目标而自行设定的，而是由成本管理部门和上级管理层参照过去的实绩，以略高的标准设定的。

而在阿米巴经营中，阿米巴作为独立的经营组织，自行设定的主要指标是这个阿米巴的生产值和附加价值，而不是成本。既然阿米巴是独立的经营单位，这样的设定就是理所当然的。就是说，阿米巴经营不只是降低成本，使实际成本低于上级指定的标准成本，而是作为一个经营主体，首先要尽可能获取更多的订单，按照订单生产时，把费用压缩到最小，为此制定计划并实现计划。用最小的费用创造最大的价值，其结果就是“附加价值”最大化。通过这样的活动，阿米巴成为不断挑战的创造性团队。

阿米巴经营的主角是“人”的集团，他们为以最小的费用创造出最大的销售而绞尽脑汁。焦点是阿米巴整体创造的附加价值。与此对照，在根据标准成本计算进行的成本管理体系中，主角是产品这种“物”，而焦点是每个产品在每道工序上的成本。

在阿米巴经营中，不采用依据成本计算进行成本管理的另一个理由是，考虑到产品不达到完成状态就没有市场价值。在阿米巴经营中，阿米巴要把产品做到完美，做到可以向客户出货的状态，方才可以计算生产实绩。就是说，除了期末，半成品不作为计算对象。但在一般会计中，制造过程中的半成品同成品一样是计算成本的。然而，用成本计算算出来的半成品和成品的所谓价值，不过是制造过程中所花费用的总和，而不是客户购买它、使用它的价值。

这种有关成本计算的思维方式，与阿米巴经营的思维方式基本上无法相容。阿米巴经营认为，只有与客户所付货款相对应的完整的产品才有价值。所以，在“单位时间效益核算制度”中，不会从已经支出的制造费用中扣除按“成本计算”评价的半成品价值，然后计算制造成本。因为从客户看来，未完成的产品是没有任何价值的。

如上所述，作为管理会计，在“单位时间效益核算制度”中，不采用复杂的成本计算体系，而只重视让阿米巴全员随时都能理解经营实况、并立即采取主动措施所必要的指标。

当然，这个不评估半成品的方法，不能用在对外的结算报告中。提供结算报表的其他所有企业，都报告半成品的期末余额，如果我们的结算报表不作同样的计算就不公平了。作为一家企业，做结算报表要保持和社会上的会计制度统一是当然的义务。

三、单位时间效益核算与会计的关联

在单位时间效益核算中，最重要的是构成阿米巴的全体人员对自己的阿米巴的情况随时随地都能了如指掌。因此，每天的会计处理必须“正确、明确、迅速”。发生的事，立即作为阿米巴的收益或费用来认识，这同时也是实践“一一对应”原则。

生产实绩、出货实绩，阿米巴每天要掌握每一项内容以及实绩总额，这是理所当然的。同时由第二天早上的销售额生产日报来验证。还有资材费用和其他所支付的费用，各阿米巴也要随时掌握，并由第二天早上配发的费用日报等计算机资料来验证。

这样做的结果，各个阿米巴不仅可以在宏观上把握整体的情况，即由数字归纳的经营实况；同时又可以在微观上理解构成数字的每一项具体细节。

另外，在阿米巴经营中，各阿米巴可以在自己职责范围内管理所有的收益和费用。例如某阿米巴卖掉贵金属屑，当然要作为该阿米巴的收益处理。会计上卖掉机械设备的收入作为特别收益通常不包括在经常收益之内，但是这部分收益也计入处理该设备的阿米巴的收益之内。同样，报废或处理机械设备所产生的特别损失也有相应的阿米巴来承担。所有的收益、费用都在某个确定的部门的职责范围内发生，所以构筑管理体系时就要明确有关事情发生时该由哪个部门管辖。

从这个意义上说，不能有下述情况发生：发生的费用由哪个阿米巴承担不清楚；突然有来历不明的费用要求某阿米巴支付。因为这违反了“阿米巴自己负责、自主经营”的阿米巴经营原则。为此，财务人员不可仅从“会计的判断”角度随意决定负担费用的部门和会计科目，管理体系要让阿米巴责任人能按规则由自己判断如何管理费用。

这样，在阿米巴经营中，基本上各阿米巴可以直接管理、自行负责的费用都反映到了阿米巴的核算上。比如工场等支撑阿米巴经营时必然发生的间接费。具体说，直接向阿米巴提供服务的工场和事务所的总务、人事、资材、财务等间接部门的费用，作为“公共费用”，以阿米巴可以接受的方法分担。这样做的结果，间接部门的人员就知道自己要靠阿米巴的收益来支持，因此必须努力节约经费、更有效地为阿米巴提供服务。

另一方面，总公司的总务、人事、资材、财务等管理部门的费用不让阿米巴分摊。总公司管理部门通过其业务管辖下的工场、事业所的间接部门向各阿米巴提供服务。但与工场、事业所的阿米巴日常并不接触。因为总公司不对阿米巴产生直接影响，所以其费用不让阿米巴分担。一般在把事业部门作为独立核算单位做损益表时，大多是把总公司的费用作为“一般管理费”让事业部负担。但在单位时间核算制度中，为了充分尊重阿米巴作为经营主体的地位，就不按一般会计常识做，与阿米巴没有直接关系的总公司费用不让阿米巴负担。

并且，总公司管理部门实际发生的费用，在每月召开的公司全体会议上，由各部门与其预算相对比，做出报告，各个部门严加管理。这些费用计入总公司部门这一科目之内。现在京瓷的总公司管理部门的经费以及全公司的战略费用等都由总公司部门的收入，即资金运用收益来提供。

如上所述，阿米巴经营的费用负担处理得非常严谨，绝不允许发生“糊涂账、笼统账”和把多种费用合在一起计算的情况。实际上，在京瓷内部各个部门，每天的所有费用都被严格确认，不管数目多小，自己部门不该负担的费用，用“经费移动”的方式转记到实际应该负担或分担的部门。这种“经费移动”不仅在同一工场内而且在全公司内进行，因而事务处理的工作量会增加。但是，只有公正公平地处理所有的事务，才能维持阿米巴的道德和活力。从这个意义上讲，这样的处理工作是不可缺少的。

一般认为“管理会计”做出的报告，和“财务会计”做出的报告——对外的结算报告——性质不同，相互独立。然而，既然两者都是为了正确认识企业经营的实态，两者的报告内容必须具有整合性。事实上，在京瓷，作为“管理会计”的“单位时间效益核算”与对外公布的“结算表”保持了明确的整合性。因此，各阿米巴对自己的业绩与公司整体业绩的直接关联性认识得很清楚。每年年初，社长发表的“经营方针”中，都会把作为“结算基础”的公司整体业绩目标同各事业部作为“单位时间效益核算基础”的业绩目标紧密地连在一起。

四、作为管理会计报告的单位时间效益核算制度

阿米巴经营把我的经营哲学具体化了。作为管理会计的单位时间效益核算，是以我的会计学为基础的，而这种会计学就扎根于我的经营哲学。因此，单位时间效益核算制度和公司的结算表不同，它采用了非常单纯的式样，只是将物品和金钱的流动用“一一对应”的数字如实列举并归纳合计。对于各个阿米巴而言，单位时间效益核算就是将自己的工作结果如实地用数字归纳。在这个意义上讲，这是他们自己做的核算。

在京瓷，把单位时间效益核算和公司结算结合起来的，就是月度结算报告。在月度结算报告中，把单位时间效益核算的“单位时间附加值”和公司结算中的利润联系起来，具体表达各事业部在结算利润上对公司整体的贡献程度。就是说，这个月度结算报告把各个事业部的单位时间效益核算的实绩用结算报告的形式表达，而且每月月初就会分发给公司的各个事业部。

单位时间效益核算由经营管理部完成，而月度结算报告由财务部完成。财务部把单位时间效益核算中不列出的人工费作为费用算上，然后计算出利润。同时，在这个月度结算报告中，各事业本部把制造部门阿米巴的“以生产为基础”的核算和销售部门阿米巴的“以销售为基础”的核算加在一起，再减去产品库存那部分的生产利润，换算成公司用的“以销售为基础”的公司业绩。

对这个部分作变更调整，表明月度结算报告，也是把各阿米巴的活动以“一一对应”原则归纳的数字为基础做出的。它同单位时间效益核算表达了同样的事实。而年度结算期末，在月度结算的累积上，加上一个“结算修正值”就成为公司的年度结算表。而“结算修正值”主要依据半成品“期末实地盘点”的盘点资产的期末评价为中心来计算。

在制造事业部的单位时间效益核算报告中，从对应于“总产值”的收益指标“净产值”中扣除该事业部的人工费用，就成为每月利润表上的“税前利润”。这个“税前利润”是把单位时间效益核算和公司的结算（利润表）连接起来的关键数字。

在阿米巴经营中，各阿米巴自己负责编制的月度预定和年度总计划起着重要的作用。阿米巴经营的本质，就在于阿米巴全体成员都能时时刻刻把握自己现在的状态，为达到计划中设定的目标，即时地、接二连三地采取必要的行动。为此，阿米巴必须把自己事先制定的年度总计划和月度计划中的“预定核算数字”定为自己明确的目标，针对这目标，实绩如何，必须能够随时地确切地认知。为达此目的，单位时间效益核算表采用了可以将当月的预定和年度总计划与实绩相对比的十分简单的式样。

然而，在企业经营中，我把“预定”和实绩数字看得同样重要。不，我甚至认为“预定”比实绩更重要。“预定”就是“目标”，它体现经营者的意志，它是描画自己亲手想要做成的新事物。从这个意义上讲，“预定”绝不是可以随意改变的东西，作为阿米巴同仁要共同实现的目标，不管环境如何变化，都要尽最大努力坚持到底。

基于上述架构和思维方式，单位时间效益核算制度在京瓷的实际运用中取得了显著的效果。

五、依据售价还原成本

在日本企业会计基本准则——《企业会计原则》中，成品和半成品的制造成本要依据适当的成本核算方式算出。因此，如果公司内部不确立成本核算制度，就会成为会计审查上的重要问题。特别是上市企业，为了保护投资人，该企业的会计系统和管理系统是否正当合理，会受到严格的监管。

京瓷的股票在上市时，因为京瓷没有进行一般意义上的成本核算，所以曾经担心，在上市的资格审查上会产生问题。但是，通常的成本核算又非常繁杂，需要设置专业部门，花费大量时间和劳力。而实际作出的结果，却未必能正确反映企业的实态，未必对经营有什么帮助。

比如，一般使用的所谓“标准成本核算法”，在多品种生产的企业里，仅仅设定标准成本就需要大量的工作。而且，根据生产批量的大小，成本会有很大变化。因为京瓷是多品种小批量生产，如果采用这种方法，那么每个品种都要核算成本，就需要庞大的作业量。特意去引进这种正规的成本核算方法，却没有实际的价值和效果，而且与单位时间效益核算制度完全不能融合。因此京瓷的结算报告中，采用与本公司理念一致的“售价还原成本法”来评价期末成品和半成品的盘点资产。在上市资格审查时，我们这一方法虽然与一般流行的方式不同，但它相当合理，我们就用这种方法提交申请，结果顺利通过了审查。

所谓“售价还原成本法”中的成本，不是把制造过程中花费的各种成本累加计算，而是事先算出一个适合于该产品的成本率，然后乘上该产品的售价作为成本。这就是“售价还原成本法”。

因为我认为“定价即经营”，所以京瓷对每一种产品的定价都注入了心血，非常认真。同时千方百计在这个售价上用最小的费用做出令客户满意的完美无缺的产品。利润不过是这种努力产生的结果。我认为这才是经营最基本的出发点，从这个意义上说，产品的售价和成本不可能一成不变。

基于这种观点经营企业，我们不采用“标准成本核算法”，即不采用过去已经支付的累计的成本来评估半成品和成品的价值，而着眼于售价，采用“售价还原成本法”来评估半成品和成品的价值。

六、阿米巴经营与售价还原成本法中的成本

在结算时，用“标准成本核算法”计算库存，就不能如实反映经营的实态，因为在库存产品中有的成本已经超过卖价，卖出后账上就会出现亏损。

例如，一个卖给批发商300日元的畅销产品，成本是250日元。但不久市场上出现了大量模仿它的同类产品，致使最终的零售价急速下滑。这时候，在推出第二个新产品之前，如果想保证批发商的利益又要维持市场占有率，就不得不果断降价，以200日元的价格批给批发商。

在这种场合，一般的做法是：在结算期末，库存的这种产品，仍然会用原来的成本250日元计算评估，在此基础上交纳税金。税法上不承认企业用低于成本的价格评估库存，除非企业立即抛售库存产品。但是，到下一期，这个被评估为250日元的库存产品只能以200日元卖出，马上就会出现亏损。像这样不正确地评估库存，就谈不上企业的健全经营。

“阿米巴经营”认为成本不可能一直固定不变，而是要想尽一切办法不断降低成本，不管市场售价如何下降，为了确保盈利，阿米巴成员都会绞尽脑汁来减少费用，提高生产效率。

在自由竞争的市场经济中，市场售价经常发生剧烈的变动，那是理所当然的事情。既然如此，以固定的价格、固定的成本为前提，就无法经营企业。如果采用“售价还原成本法”，哪怕市场价格天天变动，从全期看，只要生产销售该产品的阿米巴整体不亏损，当然不会用超出市场价的成本来计算库存。

从这个意义上说，“售价还原成本法”是依据产品的市场售价和制造成本之间的关系而制定的。而且它总是随着可能发生的价格下跌而自动地调整库存的价值评估。不管采用何种成本计算方式，也不管这种计算何等正确，如果固执地用过去的成本评估当下的库存，就会误导经营。因此，可以说，最能敏感反映市场变动的“售价还原成本法”，是经营者正确评估库存的最恰当的方法。

七、注入灵魂才能使单位时间效益核算制度生效

所谓企业，归根结底是由人组成的集团。但是这个集团的领导者，即经营者必须获得员工的信赖和尊敬，这个集团才能成为具备统一意志的生命体，否则只会是一群乌合之众。经营者缺乏这样的威望，员工就不会克服一切困难、拼命实现经营者提出的目标。为了得到所有员工由衷的尊敬：“如果是为了他，作什么牺牲我都心甘情愿。”要成为这样的经营者，你就必须不断努力，提升自己的人格。

即使你还达不到那么高尚的程度，但作为经营者你必须让与你共事的员工理解你的诚意，你必须为了公司和员工的利益，持续付出不亚于任何人的努力，这一点非常重要。

一般认为，京瓷高速成长的原因，在于京瓷具备尖端的技术，具备阿米巴经营、管理会计学等精致的经营管理系统。但是，需要铭记的是，不管技术水平也好，经营管理系统也好，只有在“以心为本”的经营环境之中才能有效地发挥作用。

不管开发了多么先进的技术，不管运用了多么合理的经营管理系统，为公司和员工注入灵魂的必须是经营者自己。

因此，在运用单位时间效益核算体系时，最重要的是经营者要得到员工的信赖和尊敬，这样的经营者还必须亲临现场，向现场的员工直接诉说工作的意义和目标。经营者必须通过职场的会议以及公司聚会，与员工打成一片，向他们直接传递自己的思想。

并不是有了好的核算制度自然就会提高效益，而是现场的人们想要提升效益，效益才会提升。为此，经营者自己要将必要的能量直接注入到现场员工的身上，这点非常重要。我称之为“注入灵魂”。

只有这样，员工才会从内心焕发出朝气和干劲。当有人问我“京瓷为什么会有那么高的利润”时，我会发自内心、毫不犹豫地答道：“那是因为我们的员工拼命努力的结果。”要是经营者不“注入灵魂”，那么不管有多么优秀的经营管理系统，都无法调动员工的积极性、真正把公司办好。

第七章

实行透明经营

玻璃般透明经营的原则

自京瓷创业以来，我一贯注重“以心为本”的经营，就是与员工在互相信任的基础上开展经营。京瓷作为中小企业要在严酷的竞争中获胜，经营者与员工必须由牢固的纽带连接在一起，团结奋斗。为了构建这种相互信赖的关系，必须把公司的处境毫不隐瞒地告诉员工。基于这种考虑，我实行了玻璃般透明的经营，让全体员工都了解京瓷的经营状况。而在京瓷的股票上市以后，我认为获得一般投资人的信任也很重要，于是我彻底公开公司的信息。我认为企业经营最重要的就是要光明正大，为了保证做到这一点，就要把经营放在众人的监视之下。

下面阐述支撑“透明经营”的财务方面的具体做法。

一、光明正大的财务会计

在前面“筋肉坚实的经营”章节中我已经讲过，绝不允许做虚假的会计处理使账面数字比实际更好。日本的企业会计基本准则《企业会计原则》强调“真实性原则”。会计的本分就是要如实地反映真实情况，为此，务必贯彻如下的思想：“管理金钱、处理会计业务的会计部门自身必须清正廉洁，而且必须公正无私，这是最重要的。”

为此，财务部门的全体成员要始终保持堂堂正正、公正合理的态度，要在财务部门营造正气，绝不容忍卑怯的思想和行为，要在公司内做出榜样。

然而，即使财务部门对公司各方面的会计处理、结算报告都做得很正确，而且尽了最大努力把会计处理做得很稳当，但企业能否透明经营最终取决于企业最高领导者所持有的经营哲学。

二、公司内部的沟通交流

首先重要的是，从公司干部到普通员工，经营必须“透明”。就是说，不仅经营者要对公司的状况了如指掌，而且员工也能知道公司的状况，能看到经营者在做什么，这就是所谓“玻璃般透明”。

公司绝不是经营者追求个人私利的工具。公司的使命在于为公司全体员工创造物质和精神两方面幸福的同时，为人类社会的发展做出贡献。经营者必须率先垂范，尽最大的努力去实现公司的经营目的。只要实践透明经营，为实现公司使命经营者带头奋斗的身影，员工们就会一目了然。

相反，万一经营者将企业的公款私用，哪怕是很少一点，或者以招待客人的名义，在高尔夫球和餐饮方面花费过大，员工都会知道。那么经营者不仅会失去员工的信赖，甚至会招致员工的叛离。因此，要实行透明经营，经营者必须严格自律，无论谁从什么角度看，经营者的行为都必须是公正无私的。

接着，重要的是，领导者在思考什么，瞄准的目标是什么，都要正确地传递给员工。例如京瓷每年的经营方针，都要花费很大的精力传达到每一位员工。年初社长发表经营方针，面对总部所在地区中层以上干部直接发表，同时通过转播传达到各地的工厂。干部听了社长的经营方针后，要将其内容传达到在职场工作的部下。此后，职场的全体员工还要轮流通过录像观看、听取社长的讲话。这样，全体员工在正确理解社长说明的公司以及集团公司整体的经营方针的同时，还能正确理解具体的经营目标以及为达成目标的具体措施。“公司瞄准什么目标，现在处在什么阶段，因此必须做什么”，社长的所思所想毫无区别地传达到每一位员工，然后作为各部门的目标加以展开。

除此之外，京瓷一年两次，从世界各地来的京瓷集团的经营干部会聚一堂，召开国际经营会议。在会上，来自世界各地区各领域的干部要发表计划和实绩的对比，发表今后的方针，并进行讨论。全体干部集中在一起，听取各部门、集团公司的报告，由此了解京瓷集团的整体状况，明白自己要做的工作在集团整体行动中的定位。有关集团整体的详细报告不仅传达到集团高层，而且对二百余名参会者一视同仁，让大家共有。

还有，在京瓷公司内部，在每月月初的晨会上要报告各部门上个月详细的实绩。各阿米巴的成员对自己部门的计划和实绩当然很了解，而在月初的晨会上，他们还可以清楚地用数字了解他们所在的工厂、事业部以及各部门的详细情况。京瓷总是努力让更多的员工共有更多的经营信息。

让员工知道公司整体的状况、前进的方向和目标，同时让他们知道将会遇到的困难以及经营上的课题。这种做法，对于提高公司的道德水准、形成公司的合力、让员工朝着正确的方向奋进，都是必不可缺的。凝聚员工的力量就能增强公司的力量。反之，不能聚集员工的力量，就不能达成目标，就不能克服困难。为此，公司的经营状况，不仅对公司高层，而且对一般员工，都要尽量公开透明，这是最低限度的条件。

三、光明正大地公示信息

我认为企业尤其是上市公司，已经是社会的公器，所以理应最大限度地公开企业的信息。比如京瓷自 1976 年在美国以 ADR（美国预托证券）的形式发行股票以来，就同美国公司一样，采取了信息公示的方针。

当时，在美国的会计准则里，包含了分地区、分部门公示企业业绩的内容。但是在美国发行 ADR 的多数日本企业对此都采取了消极的态度。但是我认为，既然京瓷公司已经在美国上市，公示信息是理所当然的事，所以从一开始我们就同美国企业一样，分行业、分地区公示信息。

现在的日本，公示企业信息也制度化了，但京瓷在二十年前就已经完全实行了这一条。京瓷公开发表的集团财务报表被美国的注册会计师评价为“无条件而且公正合理”。在美国，这样的日本企业很少。

后来，围绕现在备受关注的养老金的会计计算，也发生了类似的情况。当美国的养老金计算方法及公示内容做出重大变革时，许多在美国发行 ADR 的日本企业以日本的养老金制度与美国会计准则中设定的制度不同为理由，对所谓“美国式”养老金制度是否适用，采取了消极态度。但京瓷从美国光明正大地公开信息这一观点出发，毫不犹豫地采用了和美国企业同样的会计方法和公示内容来处理养老金问题。在养老金会计方面，迄今为止，京瓷同美国企业公示的内容完全一样，这在美国的日本企业中极为罕见。

经营者不仅应该如实公布规定的公司财务核算资料，而且作为日常工作，还必须重视对投资者的 IR（投资者关系管理）活动。大规模的机构投资家自不必说，而且对于所有关心公司未来、关心股价动向、与公司有利害关系的人，都应该让他们正确了解企业领导层的企业理念、公司经营状况以及对公司将来的展望。

告诉投资者，自己的公司具备健全的财务体质，有很好的发展前景，那么投资者将宝贵的资金投入，自然也不必担心。让投资者正确地理解本公司的价值。这样做，投资者对公司的评价就会更高，还会提升股价。这不仅对自己公司有利，还会给许多投资者带来很大好处。这么看来，投资者投给我们的资金是如何运用的，将来又会如何有效使用？把这些信息传递给投资者的 IR 活动，在企业经营中极为重要。

泡沫经济崩溃以后，日本的证券市场持续低迷。为了使股市活跃起来，必须让证券市场更加公正透明。与此同时，企业自身必须光明正大，实施透明经营，并同诚实而活跃的投资者积极沟通交流，这很有必要。

信息公开，就是将真实情况如实传递，这是理所当然的事。即使发生了“不良事件”，也要鼓起勇气立即对外公开。这样做反而会增加客户对公司的信任。遭遇困难时要从正面面对，最好将如何切实地解决问题的措施实事求是地告诉投资者。将自己公司的真实状态对外公开，毫无隐瞒。要做到这一点，“公正优先于利益”这种坚定而明确的哲学必不可缺。

四、经营的道德规范和会计的原则

“赚到的钱哪里去了？”我的会计学从这里开始。“财务会计向我报告结算的结果，本月产生了这么多的利润。但这些钱到底在哪里？”这是我上述的“管理会计学”的出发点。这里所说的利润，如果不遵循“一一对应”——我的会计学的基本原则，那么它往往是靠不住的、空洞的利润。

如前所述，只有将每一次物品的流动与每一张票据的处理，保持明确的对应，最终归纳的数字才能反映真实情况。不管你采用了多么精明的会计处理手法，只要稍稍偏离了这个“一一对应的原则”，会计就不可能正确反映企业的实际状况。

京瓷不仅在财务部门的会计票据上遵循“一一对应的原则”，而且包括接单、发单在内，所有的票据处理，都运用这条原则。正因如此，迄今为止，非常幸运，尽管企业规模迅速扩大，却从来没有在管理上犯过大错。

然而，坦率地说，即使花费心血构筑了自以为万无一失的管理系统，仍然不能完全避免不正当行为的发生。那么，管理不严格不健全的企业会发生什么问题呢？看到近年来频繁出现的企业舞弊丑闻，我不免担心。

在这样的企业里，许多情况下，即使发生不正当的行为也不将它视作问题，而是轻轻放过。因为大家都有各自或大或小的问题，所以即使相互间察觉到有疑惑、有不正当的行为，也视而不见，放任不管。而上司呢，因为面前有更大的问题需要处理，有时即使发现了某种不好的行为，也不干预，反而加以掩盖。

如果公司充满正气，对坏行为处理非常严厉，周围的人都很清廉，那么某位员工的某种行为有不对头的地方，就会马上显得很突出，会很快得到必要的处理。但是，如果公司的风气是，指出自己认为不正当的行为，反而被大家视为“背叛”，那么问题将被隐瞒。对小小的不当行为睁一眼闭一眼，一旦公司内部形成这种氛围，那么整个组织就会化脓变质，最终必定会发展成动摇企业根基的大问题。

正因为如此，为了杜绝违规违法的不正当行为，首先经营者自己必须具备严格自律的明确的经营哲学，必须努力做到与员工们共有这种哲学。同时，营造尊重公正和正义胜过一切的公司风气。必须在这基础之上，构建“一一对应原则”能被切实遵守的会计系统。这样的话，企业舞弊违法行为的一大半应该可以避免。

五、保证公正的“一一对应原则”

如上所述，为了光明正大地经营企业，具体要执行的事情既不高深也不复杂。在很容易成为舞弊温床的会计处理中，以及所有交易中，只要养成用“一一对应原则”认真处理的习惯就行了。

为什么？因为如果贯彻了“一一对应”的管理，暧昧的处理、不正当的做法就会被完全排除，一切交易都清楚明白。“一一对应”看起来似乎是非常初级的手续，但它却是保证正确的信息处理和会计处理的最基本的、必不可缺的原则。

这个“一一对应原则”把一个个现象和人们对这现象的认识，正像“一一对应”这四个字一样，真正对应起来。这中间绝不容忍暧昧的东西，绝不认可异物介入其中。可以说，凡事都基于真理。因而，凡是想要逃避客观的现实，或者粉饰、隐瞒事实，都将违背这个真理。而违背真理的行为必将招致失败。

我认为，所有的经营者，只要具备正确的经营哲学，即追求做人的普遍正确的准则，并切实贯彻“一一对应”这种最基本、最朴实的原则，就能够把不正当的行为排除在企业经营之外。

六、资本主义经济中会计的使命

现在，在日本的企业界，开始暴露出过去从未表面化的腐败现象。报纸杂志上连续报道违法舞弊的新闻，其中包括过去受到社会高度信任的日本的证券、银行等金融机构以及中央政府机关。但是暴露出来的不过是冰山一角，整个日本社会或许都已腐败。就是说，没有人思考什么是好的、善的，什么是坏的、恶的，只是一味地追求自身的利益。其结果，日本整体成了一个道德稀薄的社会，整个社会陷入了病态。

为了校正和重建这个社会，首先，社会各界的领导者必须具备做人的正确的、明确的、坚定的哲学，在此基础之上，去从事政治、行政、企业经营等实践活动。

原本的资本主义社会，并不是一个只要获利就可以为所欲为的社会。它是一个以全体社会人员都要遵守社会正义为前提构筑起来的社会。资本主义这个系统只有具备了严格的道德准则，才能正常地发挥它的机能。就是说，只有构建了尊重社会正义的、高度透明的社会，市场经济才能对社会发展做出贡献。为此，支撑资本主义经济的企业经营者必须具备高尚的伦理观，所有企业都应该公平地、光明正大地开展经营活动。

然而，遗憾的是，人这种动物往往并不完美。不管嘴上说得多么漂亮，在现实生活中常常容易抗拒不了诱惑，鬼迷心窍，干起犯法的勾当。调查一下舞弊丑闻的当事人，我们就会明白，并没有人一开始就想要违法犯罪。

从这个意义上讲，我认为会计所起的作用极大。因为如果在会计中构筑了万全的管理系统，人就做不了违规违法的事，即使万一发生这样的事，也可以把它控制在最小的范围之内。

但是，这样的管理系统绝不复杂，也不需要那么先进。追求做人的普遍正确的准则，在这种经营哲学的基础上，根据“一一对应”、“玻璃般透明的经营”、“双重确认”等原则，构建极其单纯朴实的系统就足够了。

这种有关会计的理念和系统，不仅可以防止违规违法，而且是企业健康发展所必不可缺的。相反，如果缺乏这样的会计系统，不管有多么优秀的技术，不管有多么雄厚的资金，企业长期持续的发展都是不可能的。

我认为，京瓷之所以能够顺利发展，就是因为京瓷具备了正确坚定的哲学，并构建了与这种哲学高度吻合的会计管理系统。

第二部分

直接为经营服务的会计学之实践

盛和塾经营问答

前述的会计原则，只有在实际的经营中用好用活，才能显示真正的价值。但是，在企业经营、财务会计领域工作的读者中，一定有人想知道，在各种具体场合中如何有效地运用这些原则。

因此，在本书的第二部分，我想介绍上述会计原则的应用实例。这些例子来自于我主办的学习会“盛和塾”中的经营问答。盛和塾以中小企业的年轻企业家为主要对象。

在盛和塾，塾生就日常经营中遇到的各种问题，直率地向我提问，然后我予以解答，用这种问答的形式，反复进行认真的讨论。我期待这些活生生的事例，对大家理解会计学的原则有所帮助。这里介绍五个经营问答的案例。另外，各个问答原本都是非常具体的事例，现在对其中的内容和数字已做了若干修正，并重新编辑，这点希望大家理解。

【经营问答一】

有关先期投资的思考

● 问题

本公司是某汽车厂家的正规特约经销商。泡沫经济破裂后经过许多年的萧条，这几年总算有了好转，销售额和利润都顺利上升。最近厂家采取了积极的扩张政策，推出强有力的措施，在汽车的环保和安全方面采用更先进的技术，发表了四年中销售台数倍增的计划，并强烈要求我们经销商也要先期投资，销售阵容要倍增，销售据点要增加等等。

现在本公司有三家店铺，有 50 名员工，其中推销员 15 名，一年销售汽车约 450 辆，每位推销员一年平均卖 30 辆，月平均 2.5 辆。

过去我们的银行贷款一直维持在年销售额的三分之一左右。这次要增加服务工场的设备，另外，厂家还要求我们保有库存，所以正在追加贷款数额。为了应对销售的增加，我们还计划附设直营的二手车中心，提高以旧车换新车的差价。为此又需要借贷资金。这样的话，销售额还没增加，贷款却要倍增。

目前来看，利润只是一般，但我们对于厂家提供的促销费依存度很高，厂家的政策变动在很大程度上决定了我们利润的大小，这是现实。

不只是和我们交易的厂家，所有厂家今后对经销商的挑选都会更加严格。据说对于不愿开设新店、销售目标大幅落后的经销商，厂家会采取严厉措施。今后从总趋势看，国内市场已经很难有大的发展，在这种情况下公司能否继续生存，现在到了关键时刻。

要增加销售数量，只有两个办法。一是增加每位推销员的销售数量，二是增加推销员的人数。每个月能卖五六辆的推销员确实有，但仅是例外。这样的人才不是仅靠经验和训练就能培养出的。与其设法增加这种超级推销员，不如招聘新人，经四年培训，把他们培养成每月能够稳定卖出两三辆车的推销员。

新建销售据点需要大量投资，必须慎重考虑。因此，为了实现销售倍增的目标，首先考虑增添推销员、强化促销力。每年新招四名左右推销员，今后四年中实现倍增，确保年销售900 辆的销售阵容。

聘用新的推销人员，加强对他们的教育，借以提高客户满意度，就可能减少眼前的利润。即便如此，先期投资也无法回避。我想，或许正因为现在景气低迷，反而应该下决断先期投资。

但是另一方面，确实存在各种令人不安的因素，特别是随着竞争的激化，利润会大幅下降，一想到可能面临严峻的局面，我心里总是忐忑不安。塾长经常强调："先要稳固脚下的根基，提高利润率，然后再考虑投资。"对先期投资持谨慎态度。那么对于我们现在面临的问题，请问塾长有何指教？

●解答　投资要临机应变，控制间接人员增加以扩大利润

我的会计学原则之一，"筋肉坚实的经营原则"中提到"要警惕固定费用增加"。京瓷是生产厂家，设备的优劣往往左右生产效率的高低。即便如此，从创业开始，很长时间内我都强调："用二手机器设备吧，先忍耐将就吧。"不仅设备投资，凡涉及固定费用的增加，我都非常警惕。人员增加，特别是间接人员的增加控制更是十分严格。

根据你刚才所说，总数五十人的组织中，推销员十五名，占百分之三十。就是说，一名推销员要养三个人（包括你自己）。如果今后每年增加四名推销员，四年后推销员就会增加一倍。

在这种情况下，首先应该让间接人员一个不增，这点很重要。只增添推销员，从刚毕业的年轻人中招收。如果他们赚的钱能够付自己的工资，那么平均每人每年要卖十辆车。问题是：招进的新人要培训多长时间才能达到年销售十辆的目标。在这之前，他们连自己吃饭的钱也挣不来，这就会给经营带来很大负担。要细细算一算，现有的利润能否从容地消化这种新的支出。不能先决定人员要倍增，即使负担不起也要聘用。应该在公司能够承受这种负担的范围内招收新员工。

要花几年不知道，等这些新人平均每人每年能卖三十辆时，公司的利润率就能大幅提升。因为不增加间接人员，新培养出的推销员不需要一人负担三人的费用。如果一人能卖到三十辆，其余两人的工资就全部变为了利润。现在是十五人养五十人，到时是三十人养六十五人，那就轻松多了。那时利润不增数倍才怪呢。

看你们的业绩，今年的销售额增加了，但利润率却有所下降，跌破过去保持的百分之五，这可要特别注意。如果认为销售额增加，费用也要增加是理所当然，那么，结果往往是费用比销售额增加得更快。所以，即使利润增加了也不值得高兴。相反，利润率下滑倒应该作为一个大问题认真考虑。至少要把百分之五的利润率作为目标。如果在招收新员工等先期投资之前，利润率先下滑那就麻烦了。首先要彻底降低现在的各项费用。

你们稳健推进的意识很强，这点很好。既慎重又大胆，我想不会出大问题。最低限度要确保百分之五的利润率，在此基础上进行新的投资。

事业的扩展有一个“机会”的问题，这点要注意。所谓“天时、地利”。安全和环保将是一个引起大家关心的重大课题。我感觉你刚才所说的事业很有前景。如果确信那是“商机”的话，就应该果断出手。我主张“在土表正中相扑”，意思就是机会来了要毫不犹豫，迅速出手，为此平时的经营就要留足余裕。在削减费用、全公司节省开支的同时，抓住机会积极投资。要让全体员工都理解，这种投资是为了公司今后飞跃性的发展，让大家各自把脚下的根基稳固好。

如果放松控制，那么，增加一名推销员时又会增加一名间接人员。这是绝对不行的。维修服务体制要下功夫改进，但只增加推销员的方针要彻底贯彻。这样做，利润率自然就会上升。

事业越是扩大，经营者越要更加细致地把握经营的实际状况。这里不再重述。不仅是“削减经费”，每个店铺都要单独核算，店长及全体员工都要充分注意、彻底贯彻“销售最大化，费用最小化”的原则。间接部门也不应该视作仅仅是辅助销售，或许可以把维修与销售分开，另外，二手车中心成立后，因为它的核算方法与新车销售不同，也可以划出来，最终将公司分成三个部门，各自都认真实行独立核算，我认为用这样的方式来经营非常重要。

【经营问答二】

与大企业合作来筹措资金

• 问题

关于设备投资的资金筹措，希望得到您的指导。

我们公司经营旅馆业。从全国来看，旅馆行业处于停滞状态。但我们地处观光区域，这里各旅馆设施都是新的，来访的观光客也在增加。

但是各旅馆后继无人慢慢成为一个严重的问题。好的经理人才难求。同时由于工作时间不规律，工作又很繁重，客房服务人才也不好求。不过本公司采取措施，实行了更为现代化的用工制度，员工流失较少，也有了后继者，可以说这方面条件较好。

本公司的住宿设施已使用将近三十年，正在计划重建。供水系统、空调设备都已老化。现在的观光客主流是家族、团体旅游，我们想要尽早变更客房的布局、配置，以适应客人的需求。现有的建筑格局，只有面向个人或新婚客人的两三人用的客房，不能适应当前的旅游需求。我们计划改建为具备会议设施、宴会设施、温泉等适合多人数团队顾客的多功能建筑，争取客人数量翻倍，销售额达三倍。我们估计可以获得足够的投资回报。

最大的问题在于资金筹措。本公司的财务状况并不比同行业的公司更好。仅凭自有资金无法进行大规模的设备投资。这次的重建资金要靠全额贷款。坦率地说，本公司的借款已很多，在当前的金融形势下，再向金融机构贷款难度极大。曾考虑过广泛募集投资者，或采取会员制形式集资。但依据现在的情况判断，这些想法都脱离现实。

但这一次的计划并不只是单纯的重建，我们想把公司三十周年作为一个分水岭，摆脱传统观光旅馆只做一宿两餐的收费体制，不光吸引观光客，而且要开发当地客源，要转变经营模式以适应新的时代潮流。在成本管理等方面，经营方法也要转变，从过去暧昧的方式转变为现代化的合理的管理方式。

还有一个情况，最近有资金雄厚的大公司要到本地投资，我们想与它们合作来实现我们的计划。对于计划要在我们附近建设度假村的这家大公司来说，同风景优美又有温泉的观光旅馆合作也有吸引力。如果能合作，可以利用大公司的资金能力和社会信用，筹措我们计划所需要的资金。具体来说，就是与大公司共同出资设立新公司，由新公司来经营旅馆，我方用实物出资。

问题是经营权。我方可以出资的只有土地和人才，因此我认为某种程度上向大公司转让经营权也无不可。如今的度假、观光业，不能只靠现场的精心服务，还要到大城市广泛开展促销活动，要引进现代化的劳务管理和财务管理体制。在大举拓展事业时，在家族、亲属中，如果找不出可以胜任的有能力有胸襟的人才，那么应该尽早爽快地与家族式经营告别。

幸好，在公司里，长子愿意继承，经理和女掌柜也有了接班的人选。员工素质高，多数人愿意在公司长期工作。因此现职员工将来仍能续用。同时，家族、亲属在经营班子中占据一部分，可以为当地的发展继续做贡献。在这种情形下，将部分经营权让给大公司也可以吧。

推进与大公司的合作以解决设备投资问题，对于我们这种想法，希望听听您有什么忠告。

• 解答　不能提高收益率的扩张十分危险
——要“在土表正中相扑”，提升利润率

坦率地说，该怎么回答呢，这是一个非常困难的问题。

“与大公司合作，可以利用它的资金能力和现代化的经营管理能力，为此，按情况把经营权的相当一部分让给大公司也无妨。”这是你阐述的意见。但是，你又讲了一个前提条件，

就是公司已经有了家族继承人，经理、女掌柜以及现有人员都要继续照常工作。

但是，我的话或许很严酷，你讲的前提条件不能成立。如果按照你的愿望，大公司有兴趣与你共同经营。三十年一次大规模设备投资所需资金从银行借贷，那么，理所当然，银行会要求大公司负责担保。大公司担保等同于大公司自己从银行借钱，那么，恐怕大公司实际上会要求确保百分之百的经营权。作为你出资的土地存在一个估价的问题，估计也只能占到百分之十至二十吧。字号、人才这些无形的不稳定的要素估计不能作价入股。就是说，百分之八九十的经营权会落到大公司手里。

你讲的前提是：继承人、经理、女掌柜以及现有人员理所当然都要在公司长期工作下去。但是，试用两三年后，如果大公司判断你儿子缺乏作为经营者的能力，或者虽有能力，但经营方式不符合大公司的要求，那么，他们就会无情地撤换。经理、女掌柜也一样。所以，同大公司合作可以，但无法保证经营者和员工像过去一样长期被聘用。

或许你觉得我的话未免冷酷，但是，大公司为这项事业注入的资金最终是他们自己的责任，他们必然会采取非常冷静而理性的行动，按照资本的逻辑，对于自己的投资当然要保护要守卫。

这种情形其实相当普遍，我说这话时心里有一种痛苦的感觉。中小企业，以及乡镇商业街上的商铺毫无例外地存在同样的问题，或者今后会遇到这样的问题。

直截了当地说，你想按照自己的思路来开展事业，却又去追求大公司的参与，这样决断未免鲁莽。

看了你们这几年的业绩报表，不客气地说，虽然销售额略有提升，但利润实在太低。另外，折旧费每年增加。有这么多的折旧费，按理讲，即使利润不多，也能确保相当的现金用以归还贷款。但实际上，你们的贷款不减反增。首先必须考虑的是：如何提高眼前经营的收益率，如何改善公司的财政状况。

有句谚语叫“天助自助者”，确实如此。自己缺乏自立的能力，银行就不肯融资。银行只把伞借给自己会避雨的人。你说同大公司合作是为了实现你的大计划，但实际上，你原本没有这个能力，才想通过大公司获得资金。

有相当的营业额，而且一点点增加，然而利润却很低，而且一直没有增长，反而借款却不断增加，这就是你眼下的现实。这样下去必然走入死胡同。不顾这个现实，却希望另辟蹊径以图起死回生。我以为这样做绝不会成功。不管怎样，首先必须靠自己的力量改善公司的财务状况。

你还说，进行新的投资，现在的销售就能扩大三倍。扩大二倍还有可能，但三倍的话，那是一个很大的飞跃。如果事业规模扩大至三倍，那么人的问题、内部管理的问题等各种问题都会接踵而来，经营的难度会以几何级数增加。另外，再怎么新建新装，要让客人丢下现在三倍的钱没那么容易。我担心你的计划过于乐观。

旅馆的建筑已用了将近三十年，如果今后难以继续使用，就有一个改建的问题。旅馆、酒店所用的钢筋混凝土建筑经过三十年一般就会老化。按理说，这时建筑物的折旧应该结束了。你提到了供水和空调设施的老化问题。这些设施的使用寿命更短，与建筑物不同，十年就应折旧完毕。按“定率法”折旧的话，已经不须再承担折旧费用。这部分折旧是一项可观的收益，必须作为内部留存用于将来的投资。同时至少要拿出百分之十的利润，作为企业内部留存储备起来。

我在创业后不久，听过松下幸之助有关“水库经营”的演讲。当时我就意识到，要想办法增加公司内部的资金储备，要抱着这种强烈的意志去经营企业，这一点非常重要。相扑时，不能被逼到了土表的边缘才奋起拼搏，而是在土表正中，还有余裕时，就要背水一战，日夜努力来提高收益。当前你该做的，首先就是提高收益，必须实践“销售最大化，费用最小化”。但是费用最小化，并不意味着要降低服务水平、将饭菜搞得很差，以至客人不愿光临。就现有的建筑物，把餐饮和服务做得很出色，而成本又比别人低，那就需要非同寻常的努力，需要动脑筋，想主意，用智慧。

这或许不是常人都能做到的事。做到这份上就成了出名的企业家了。但是，必须想办法彻底改善收益状况。不管你的构想本身多有魅力，但眼前的收益不高，却侈谈扩张，那只会增加经营的危机。

即使如你所说，那家大公司对你的计划表示赞同，并出于好意，同意融资或出资。但如果你的计划不能顺利实现，出资方就会面临资金回收的问题。到时你就要承受沉重的打击。只想依靠别人的资本和信用来拓展自己的事业，这本身就是非常危险的。

【经营问答三】

扩充业务带来债务增加

● 问题

我们公司属于运输业，运送各种工业物资。最近增加了卡车，设立了子公司，扩大了仓库、配送中心等事业据点。另外，最近本地的客户都集中搬迁到当地的工业园。为了保持同这些客户的关系，我们也在这个工业园开设了运输品加工厂，因为这个工业园不允许设立只做运输业的据点。为了这新的投资，我们增加了银行贷款。

运输行业大多是中小企业，竞争日益激烈。为了生存，企业需要一定的规模和事业的基盘，这个课题是燃眉之急，所以我们最近采取了扩展的方针。

但是运输业基本的工作就是辛勤的劳动，赚的是辛苦钱。事业扩大也不可能马上赚大钱。今后国产的许多工业品都会被进口产品所替代，劳动条件可能也会随之提高，对此我也很担心。在这种情况下，我想对已有的事业扩展方针再次审视，设法压缩贷款，等企业实力增强以后再考虑扩张。为这事，我很烦恼。

最近五年，我们公司的投资大半用于建车库及所需的土地上，对工厂设备也投了资。五年的投资额大约相当于一年的营业额。

近几年来，营业额呈上升趋势，利润率也随营业规模扩大而提高了。但贷款利息、折旧负担也一直在增加。另外，新设的加工部门销售额还很低，现阶段无法指望它很快能获利。

我认为减少贷款是重要的课题，但对工厂设备却需要追加投资，估计贷款还要增加。如果持续扩展，即使能偿还贷款，由于新项目接二连三，企业也很难摆脱借贷的模式。

在这种状况下，是继续现在的扩展方针呢，还是着眼于整理现有的战线、强化企业体质呢？这样的选择事关重大，这是企业的生死一搏。我该怎么办？请予指教。

● 解答　看懂损益表，理解数字的意义
——不懂会计就无法经营

你提出了一个很难回答的问题。首先，因为有运输业和加工业两个部门，所以，要将这两个部门分开独立核算，包括折旧费、人工费都要清楚地划分，分别做损益计算。然后把两个部门的数字相加就能看清企业的整体。

你投资的内容大半是车库用地和工厂用地。土地不提折旧费，所以在资金平衡表上，这笔款项一直保留。因此，在获取土地时，只要从现金流的观点考虑“资金周转有无问题”就行。只要事业运行所需的流动资金够用，即使有部分土地闲置，不管买土地的钱是从银行借的，还是自己手头的钱，只要支付得起相应的利息就行。

但是工厂的机械设备、厂房、建筑费用，性质完全不同，不仅要付贷款利息，而且要负担折旧费。

就是说，获取土地，只要一开始有这笔钱就行，平时的费用只有利息负担。但工厂的设备投资，需要负担利息加上折旧。必须持续获取足够的收益才能承担得起这两笔费用。

近三年来，在激烈竞争中，由于你们采取了积极发展的方针，销售额顺利上升。你们的经常利润（销售利润加减营业外损益），虽然利息和折旧费增加了，但销售利润率却从过去的4%提高到了将近10%。

你担心随着事业不断扩大，设备投资是否会过快。那么，就看利润率在达到10%后能否再有所上升。随着业务内容的扩展，利润是否同时上升，经营企业就应以此作为判断基准。

整体的事业规模扩大时，不仅设备折旧，所有的费用都会大幅增加。经营企业就要竭力压缩这些费用，只要费用的增加低于销售额的增长就行。现在的银行贷款利息非常低，但金融形势变化很快。要考虑到利息上升的可能性。因为现在利息低，投了那么多资，或许利润还有所增加。但当银行加息时，或许一分钱的利润也挤不出来，经营甚至可能转为亏损。企业利润减少，银行担心收不回款，就会控制放贷，甚至撤回贷款。这时即使盈利，因资金枯竭，仍会破产（黑字破产）。

所以，当利息增加1%时，经常利润会下降多少？利率增加百分之几，利润就没了？月度决算时这些都要计算，经营层要看着这些数据经营企业，在事业扩大过程中，必要时注意刹车。

不仅要考虑利息，还有税金。支付税金后的税后利润加上折旧这一块，能够用于偿付贷款，因此要在这个范围内借钱投资。这是原则。但是，靠增加贷款来扩展事业，难免令人担忧。因此“要尽快偿还贷款”这个想法非常重要。我刚开始经营企业时，援助我的一位朋友，用自家房产作担保，从银行借了 1 000 万日元。我想无论如何必须尽快偿还，于是我拼命努力。但是这位朋友却说：“只要能承担折旧和利息就不错了。不必急于还钱，不如增加贷款以扩展事业，这才叫实业家。本钱的偿还用折旧的钱就行了。”

即使他这么说，我还是讨厌依靠借贷来经营企业，我拼命努力以期尽快把钱还清。这位朋友有点不耐烦，甚至说：“你是一位优秀的工程师，但你成不了出色的经营者。”但是，我的想法很强烈，就是要摆脱借钱还钱的困扰，以便集中全力在土表正中相扑。幸运的是，后来我做到了无贷款经营，而且事业不断扩展。

你现在的担忧很正常。我想，按照这样的思路，殚精竭虑，努力奋斗，你的企业一定会变得很优秀。

【经营问答四】

如何确定经营目标

● 问题

在制定年度计划和中期计划时，我感到困惑的是，年销售额增长率等指标应如何确定呢？

比如，增长率定为 20%，还是 25%，还是 30%？以哪个目标来制定计划呢？当然，就我来说，最好能定为 30%。但部下有各种意见，还有市场环境的问题，究竟以什么为根据来作决定，我感到非常为难。

目标定得过高，大家会觉得那只是纸上画饼而已；目标定得过低，企业里的气氛就会松弛。制定怎样的目标，才能激发大家的紧张感，让大家觉得只要努力目标就一定能实现。目标该怎么决定才好呢？

另外，制定目标该自上而下还是自下而上呢？这也是一个问题。如果自上而下，员工会觉得那是“上面压下来的指标”；如果自下而上，那么部下只会考虑比上年的水准稍稍高一点的数字。经营者思考的重点应放在哪里？怎样决定目标？

有关要点请予指教。

• 解答　经营目标取决于经营者的意志
——如何燃起团队的斗志

说实话，你为这个问题而苦恼，这本身说明你已经是一位优秀的经营者。

制定目标，这是企业经营中非常重要的一个环节。只要是在努力经营企业的人，一定会为这个问题而烦恼。不管什么企业，这都是永恒的课题。

所谓经营，就是如何来指挥由人组成的集团。所以，不观察人的心理活动，经营就无从谈起，忽视人心就无法经营。

制定目标的问题，本质上就是一个掌握人心的问题。比如说，目标定得过高，这个目标无论怎么努力也达不到，但你依然坚持这个脱离现实的高目标，大家就会觉得你这个人很怪。但是，你不得已把这个目标向下调整，又会让大家认为：目标这东西是可以随便改动的，目标可以再次下降。一旦员工们有了这样的心态，不管目标下调不下调，进退维谷，事情都会不好办。

我认为，经营者的使命就是把生命注入企业。如果把企业这个组织比喻为人体，那么，经营者就相当于脑细胞，像司令官一样发出指令。经营者比任何人都要更认真地思考企业的问题，身先士卒，意气风发，拼命工作，这时候企业就会生机勃勃。相反，如果经营者把个人的私事放在优先的位置，忘掉了企业的事情，哪怕稍稍显露这样的倾向，这时候，企业就失去了生命力。

因此，对于有关企业的事，经营者要比谁都考虑得更多更深，不夹带任何私心，凭自己的意志决断，在这种状态下制定的决策就是企业的经营目标。

就是说，目标是高是低该如何判断，目标的制定该自上而下还是自下而上，沿着这种思路去考虑问题，企业经营绝不会顺畅。如果制定目标存在千篇一律的好办法，那么只要懂了这方法，谁都能经营企业了。

问题不在于目标的高低。首先，作为经营者，你心中要有一个“必须达到”的数字。经营目标就等于经营者的意志。下一步，就看你能不能把已经决定的目标让全体员工认可，让他们发出“好！我们干吧”这样的呼声。

毫无根据地提出高不可攀的数字，一味强调这是“意志！意志！”员工会说：“社长，这么高的目标，无论怎样也达不到啊！”大家都会没有信心。“去年还是负增长，今年却突然要倍增，不可能！”结果大家扫兴，士气低落。你个人的意志多强也不管用。企业经营中最大的事情就是“如何掌握人心”。这又何止是企业经营者的问题呢？学校的老师，棒球队的教练，只要有人的组织存在，其中的成员想些什么，了解他们的心理，懂得怎样把他们的情绪调动起来，这一点非常重要。

既然经营目标体现经营者的意志，那么把这种意志转化为全体员工的意志，还是要靠由上而下的努力。否则，让员工提出让自己吃苦的高数字的目标，那是很难的。领导者必须开口：“明年让我们把销售翻一番吧！”“照这样下去，我们公司必然衰败，我们必须有所作为。如果做得好，我们就可能像东京那家公司一样兴旺发达。”“只要做法得当，我们公司也能大发展，虽然过去低迷，发展不快，但今年我下决心，一定要加倍地发展进步。”首先，社长要行动，要事先营造一种氛围，就是一旦提出目标“今年要翻倍”，周围的人都很自然地响应：“让我们一起干吧！”

突破现状，向新事物发起挑战！任何人的内心深处都有这样的愿望。仅仅在现状的延长线上爬行，大家都会感觉无趣。但同时，人们又有不求有功、但求无过的心理，说出标新立异、与众不同的意见，怕遭人议论。另外，令人不可思议的是：往往集团的人数越多，人们向新事物挑战的欲望就隐藏得越深。所以，如果放任自流，企业员工的情绪会日趋消极。由此看来，经营者应该具备一种能力，就是把人们内心持有的向新鲜事物挑战的精神诱导出来，让他们说出："好！让我们试着干吧！"为此，你提出的目标必须明确而坚定。

然而，你要毅然决然地制定一个很大的目标，前提必须是在你面前存在着一个很大的商机。但是，商机并不是守株待兔，消极等待，自然而然就会到来的。目标是什么？究竟想做什么？为此要怎么做？这些问题要在头脑里反反复复地进行模拟演练。这样，所谓商机就会变得清晰可见。就可以把大家的力量向该方向集中。先考虑好该做成多大的规模，再向大家做出说明，这就是目标。

中国的古典里有"天时、地利、人和"一说。即使天时、地利都好，决定性的因素最终还是人心。如果多数人自发地求飞跃，要朝新的目标奋进，那么，即使有个别人一时消极冷漠，最终还是会被众人的热情所感染，形成整个公司团结一致、向着既定目标奋勇前进的局面。总之，这是一个心理问题。例如，可以事先开茶话会，营造一种气氛，让大家感受到公司将发生变化，将与过去大不相同。

目标问题对于经营者来说是一个永恒的课题。制定了目标，这个目标可以达成，员工们对这个目标就会充满信心，就会鼓足干劲达成目标。但是，如果目标不可能达成，就会出现相反的情况。结论是：定下目标值，点燃大家的热情，鼓起众人的干劲，向着这目标奋进。这是经营者最重要的工作。

【经营问答五】

成本管理的问题点

● 问题

我们公司创业不久，主要制造工业机械的零部件。最近，随着市场扩展，生产快速增长，品种也在扩大，制造部门的收支状况变得复杂，难以掌握。我很担忧，照这样的速度发展下去，事业的境况将越发难以把握。我正在考虑，尽快研究、引入能够确凿把握经营内容的管理会计系统。

听说在制造行业，几乎所有的企业都采用“成本计算”来管理收支核算。但据说京瓷却从来不用“成本计算”的方法，而采用独特的阿米巴经营管理模式。那么，通常的“成本计算”方式存在什么问题？您是怎么考虑的？请赐教。

● 解答　生产厂家的利润产生于制造部门

正如你所说，许多企业都采用“成本计算”来管理收支。特别是采用所谓“标准成本计算”。京瓷不采用这种方法。起因可追溯到二十多年前从某电器厂家听到了这样的故事：

讲这件事的是这个厂家的一位干部，当时这家厂效益很差。他所在的事业部生产家用电器。该事业部的制造部门用“成本计算”进行管理。这套系统中，首先是预测该产品今年的零售价格是多少。也就是先到秋叶原电器街去调查，看可以卖出什么价钱，即预测末端价格。然后从末端价格倒算，算出批发给零售店的价格、流通过程中的费用，减去这些部分后，再扣除销售部门和间接部门的费用，预定出目标利润，然后可以得出制造成本，制造部门用这个成本来生产就完了。作了上述种种假设后，向工场发出指令“用这个成本制造产品”，这就是所谓的“目标成本”。

工场努力生产，如果能按“目标成本”把产品做出来，这个工场就合格了。不是说这个工场盈利了，而是只要达到了目标成本，保证了生产数量，就算合格。然后销售部门拿了这个目标成本价，再加上最初算好的各种费用、利润，卖给批发商。

然而，让这个如意算盘落空的是市场。因为市场上出现了有特色有竞争力的新产品。店家说，你家的产品已经过时，如果不大幅降价就卖不出去。零售价下降，批发商就逼着厂家降价：“过时的产品必须降价。”“如不降价，库存积压，就无法再进你家的货。”总之，批发商软硬兼施。结果价格暴跌，连降几成也赶不上。

当初厂家计划有两成的赚头，后来卖价接连下滑，利润节节下降，最后只剩百分之几。更糟糕的，比如，半导体行业常见的，一旦市场价格崩溃，暴跌不止，流通业和制造业都会急转直下、大幅亏损。

这样的情形反复上演，做家电无利可图已是理所当然，公司内形成这种共识，大家束手无策，只能放弃了。如开发不出特别畅销的产品就没有出路、毫无办法了。

那么，问题究竟出在哪里呢？本来，对于生产厂家来说，创造附加价值和利润的就是制造部门。就是说，“依靠制造创出利润”这样的体制没有形成，才是问题的根源。制造部门不把利润作为目标，而认为只要完成所需的数量，只要达到目标成本，就万事大吉了。这就是问题的症结所在。

在这个由成本计算方式运行的系统里，负责销售的董事决定制造成本和销售价格。按照成本计算的思路，必定导致产品的供应方决定价格。首先有成本，然后依照供应方的逻辑来控制市场。然而，实际上，卖价恰恰是由市场决定的。一厢情愿按照供应方的逻辑行事，会立即遭受市场的痛击。这就是上述例子反映的事实。

今后的市场经济，将是全世界的企业在市场上自由竞争的全球化经济。因此，今后经营企业的大前提就是“价格由市场决定”。由此，制造业的基本思想必须是“价格和成本都不固定”，必须不断地钻研创新，以降低成本。企业必须形成这样的体制。

“生产厂家的利润来自制造”，所以，刚才那个电器厂家的例子，把制造部门仅仅当作成本中心，根本无法推动业务。就是说，给制造部门下指令：“用这个成本做出这个数量。”给它一个目标成本。经过努力达到了目标，这就是终点了。比目标更低的成本就很难做到。把制造现场当作成本中心，等于把制造现场与市场隔离，让制造现场失去对市场的真切感受，阻碍他们挑战市场的勇气。

当然还有一种方法，就是把制造作为利润中心的成本计算系统。这个系统比刚才那个成本中心的系统要好得多。但是，仍然与卖价脱离，仍然倾向于只把焦点集中在达到成本目标上。其结果，“以制造创造利润”这个方针果真落实了吗？我认为没有。

例如，最典型的制造部门核算的管理方法，就是使用标准成本计算。每一个产品都给一个标准成本，针对生产量、出货量计算标准成本。就是说，标准成本就是下达的目标。作为制造部门，首先把达成标准成本当作目标。标准成本“达标了，多大程度上超越了”，还是“差多少没达标”，就用这一条来评价制造部门的功过。这被称为“成本差额”评价。相对于所指定的成本目标，做出了“正的差额”，制造部门就获得表彰。分析这个成本差额从何而来，无非是提高了材料利用率，降低了原材料的进货价，缩短了工序时间等等。看起来这个方法非常精细。对于实际的销售额而言，以标准成本衡量，应该得出一个相应的销售利润。但因为存在或正或负的成本差额，实际的销售利润还要加减这个部分。就是这样一个计算的系统。

这个方法，看起来好像制造已确实成了利润中心，而且许多大企业所属的生产厂家都采用这一管理方法。但在这个管理系统中，在许多场合下，为了掌握各道工序、各种产品的成本和时间，需要花去很多费用和劳力。而且，设定成本“标准”、同实际成本进行比较分析的，不是制造部门，而是成本管理部门或成本计算部门，这是一个很大的问题。作为管理部门，因为并非自己实行的目标，总是“根据以往的实绩”，再略微提高一点，除此之外，他们没有别的制定目标的方法。这样，制造部门的自主经营就成为一句空话。本来是“制造部门创造利润”，但却把制造部门这个中心置于制造以外的管理部门的管辖之下，变成了重视管理的经营。用这种方式经营企业，特别是大企业，往往就孕育出组织官僚化的危险。

那么，该怎么办呢？我认为，除了像“阿米巴经营”一样，把制造部门真正当作利润中心之外，别无他法。在阿米巴经营里，制造部门直接面对变化中的现实市场，自己负责调整产品售价，使之适应变动中的市场价格。形成一个能够灵活应对市场、降低费用、提升利润的组织架构。同时，在制定销售和利润目标时，为了提升自己的收支核算水准，制造部门会断然将目标数字定在高位。还有一点，在这个挑战性的系统中，费用项目一清二楚，便于管理，结果就是彻底地削减成本。用这个方式，正像字面所说，制造部门作为创造利润的主角登上舞台。

在这里，如果要引进依据成本计算的管理会计，就要想办法克服成本计算方式中包含的问题，把“生产厂家的利润由制造产生，制造成为经营的主体”作为前提，构建一个忠实于原则的、简明的系统，就是建立一个制造现场的人容易理解、可以活用的管理系统。这一点很重要。

后记

近来，政界、官界、商界，各种舞弊丑闻不绝于耳。许多坏事暴露出来，让社会对企业的伦理、企业的内部规则，产生了根本性的疑虑，因此对社会造成巨大冲击。

特别是泡沫经济破裂以后，多家日本的金融机构失却信誉，陷于破产的境地。对日本金融界的不信任感蔓延到整个国际社会。从金融机构承担的社会使命和作用来看，这是极其严重的问题。这种不信任感造成人们对日本经济的未来充满悲观情绪，造成股票市场的低迷，给日本的社会经济带来了巨大的恶劣影响。

为了解决这些问题，近来，法人治理、企业管理究竟应该怎么做才对，人们正在热烈讨论。我想，问题不单单在于系统和制度如何，而是经营者失却了经营企业所必需的坐标轴、丢弃了经营企业的原理原则。这才是问题的要害。

我坚信，企业经营取决于领导者的经营哲学，一切经营判断必须基于“作为人，何谓正确”这一原理原则。当我在演讲中谈到这一点时，许多人问我：“那么，实际经营企业的时候，具体该怎么做才好呢?”因此，我在本书中，通过论述具体的“经营论”即“会计学”，来说明企业应该如何经营，说明经营企业的基本思想。这也是一次尝试吧。

为了走出现在混迷的状态，为了事业的顺利开展，我衷心期待，本书所阐述的经营企业所需要的会计学的原理原则能够供大家作参考。